传播与中国译丛——媒介道说系列——黄旦 孙玮 主编

哈贝马斯论媒介

Habermas and the Media

[德]哈特穆特·韦斯勒(Hartmut Wessler) 著
闫文捷 译
李红涛 校译

中国传媒大學出版社
·北京·

目录

“媒介道说”序

辨音闻道识媒介

黄 旦

从一个故事说起。

以《闲情偶寄》立名于中国文学史的李渔，写有一部小说，名《十二楼》。内中有《夏宜楼》一卷，说的是一瞿姓相公，“亏得一件东西替他做了眼目”，“微光一隙仅如丝，能使瞳人生翅”，偷窥到居于夏宜楼的詹姓小姐之美貌，心生莫名爱意。于是他灵机一动，将远望高探而得的楼内女方动静，借助媒人之口，一一说与詹小姐听，以示天生有缘，唬得这位小姐毛骨悚然。门禁之内的夏宜楼，男女有别，旁人不能随便进出，其动静连自家人都未必尽知，偏一个外人竟一清二楚。詹小姐百思不得其解，疑非得神助不能，遂“把个肉身男子”当成了“蜕骨神仙”。“这等看起来，竟是个真仙无疑了！丢了仙人不嫁，还嫁谁来！”詹小姐也不是没有担心，“神仙”

是否有“真形实相”,“不要等我许亲之后他又飞上天去,叫人没处寻他”。到了新婚夜,詹小姐初近新郎,战战兢兢,“还是一团畏敬之意,说他是个神仙,不敢十分亵狎”,至半夜却发现其“欲心太重,道气全无”,根本就是凡夫俗子一个。她狐疑中追究缘由,“件件查问到底”,才知此桩美事功德,全得力于一个“法宝”——千里镜。瞿相公偶尔从市场购得此物,在高山寺租得一间僧房,遍扫各处房屋。之前种种,正是这双“千里眼”居高临下之功。让人想不到的是,知道真相后的詹家小姐,惊诧之余,并未显上当受骗之恼怒,反正色道:“这些情节虽是人谋,也原有几分天意,不要十分说假了。”第二天恭恭敬敬就把这件“法宝”供在了夏宜楼,作了家堂香火,夫妻二人不时礼拜。

在我看来,这就是一个媒介道说的故事。

媒介,是英文 media 的汉语译词。英文的 media,源自拉丁文 medium,意指中间。medium 一词大致有三种意涵:第一,比较古旧且运用普遍的意涵,指的是“中介机构”或“中间物”。这个意涵源于一个特别的物理或哲学的观念:一种感官(或一种思想)要去体验(或表现)必须有一个中间物。第二,着重落在技术层面,例如将声音、视觉、印刷视为不同媒介。第三,专指资本主义。在这层意涵里,报纸或广播事业被视为另外事物(如广告)的一个媒介。[1] 也有学者为此勾勒出一条变化的线索:古典拉丁文 medium 指的是某种中间的实体或状态,但在古典之后的拉丁文以及十二世纪之后的不列颠资料中,媒介则指从事某事的方式。一方面,媒介可以视为一种偶然性的存在,它使得现实世界中的诸多现象相互关联,或将现实世界与可能性世界相互关联。另一方面,从现代意义上来看,媒介是一类特殊资源。直到 1960 年,媒介才成为一个术语,描述实现跨时空社会交往的不同技术与机构,并因此受到特定学术领域的关注和研究。[2] 中国的古汉语,只有"媒"字,并无"媒介"一词。按《说文解字》中的解释,"媒即谋也,谋合二姓者也"。"谋合二姓",不仅"媒"(谋)的位置居间,而且是介入——撮合二姓的第三者。由此可见,media 或"媒",其本义及其谱系,主要意为居中(中介机构或中间物)位置及交接转化(从事某事的方式),重点是中介行为。[3] 按我的说法,媒介是有"媒"有"介",是连接、触发与转变的不断运作,是媒—介的互动和呼应。通俗地讲,就是一场"交易"[4]。故凡是媒介,必是从关系着眼,否则就是技术或物件。媒介学就是研究

① 威廉斯.关键词:文化与社会的词汇[M].刘建基,译.北京:生活·读书·新知三联书店,2005: 299-300.

② 延森.媒介融合:网络传播、大众传播和人际传播的三重维度[M].刘君,译.上海:复旦大学出版社,2012:59-60.

③ 德布雷.媒介学引论[M].刘文玲,译.北京:中国传媒大学出版社,2014:10.

④ 德布雷.媒介学引论[M].刘文玲,译.北京:中国传媒大学出版社,2014:76.

关系方面的东西而不是物体。[①] 之所以习惯于将某种技术和机构(比如报纸)命名为媒介,在于预先已设定其能“实现跨时空社会交往”。

夏宜楼“有绿槐遮蔽,垂柳相遭,自清早以至黄昏,不漏一丝日色”,如此幽密荫深之所,却被“微光一隙仅如丝”的千里镜穿破,从而引出这一实体空间,与高山寺的瞿生照面。高山寓意宽广、挺拔和敞亮,乃“夏”之意象;夏宜楼,则是三面环水柔软清凉,为避暑之胜,故有“宜”之谓。一阳一阴,偏因“千里镜”相遇而碰撞交汇融合,孕育出新的关系和生活。千里姻缘一镜牵,夏“宜”楼化成了宜“夏”楼。千里镜就是千里“媒”!“传媒与工具和机器不同,工具和机器是我们用来提升劳动效率的器具,而技术的传媒是一种我们用来生产人工世界的装置,它开启了我们的新经验和实践的方式,而没有这个装置,这个世界对我们来说是不可通达的。”[②]千里镜是如此,贵州的中国“天眼”——FAST 望远镜也是如此,无人不知的报纸、广播、电视等,均因此而成其为“媒介”。

媒介以它特有的方式解蔽现实并将之带到我们面前,这是一种中介了的现实。“想独上高楼读一遍《罗马

---

① 德布雷.媒介学引论[M].刘文玲,译.北京:中国传媒大学出版社,2014:73.

② 克莱默尔.传媒、计算机和实在性之间有何关系?[M]//克莱默尔.传媒、计算机、实在性——真实性表象和新传媒.孙和平,译.北京:中国社会科学出版社,2008:7-8.

衰亡史》,忽有罗马灭亡星出现在报上"(卞之琳,《距离的组织》),从而导致场景重新组合和分化交叉,引入一种并不依赖于固定地点的新场景,新的角色行为模式就在新的社会场景中诞生。[①] 媒介抵达之处,既是世界所在之"界",同时也是"新世界"敞开之时。"计算机界所说的实时、媒体界所说的'现场'等效应都深刻地——同时也可能在根本上——改变了事件化的原义,改变了时间和空间的存在"[②],由此也就改变了人的存在。人体在感知比率变化中既延伸又自我截除,在一伸一缩中调适与外界的关系尺度。[③] "媒介就是认识论","任何认识论都是某个媒介发展阶段的认识论"[④]。所谓"媒介环境",所谓"媒介环境学",或者梅罗维茨认定的"新场景",应该是在这样的意义上来理解的。这是超越了自然、社会和人,同时又使之重新联结并组合的第三种环境。[⑤] 夏宜楼的故事,已经让我们充分领略到这一点。自从"千里镜"登堂入室,它的内外格局和关系结构就已千疮百孔,不再是原

---

① 梅罗维茨.消失的地域:电子媒介对媒介行为的影响[M].肖志军,译.北京:清华大学出版社,2002.

② 斯蒂格勒.技术与时间:爱比米修斯的过失[M].裴程,译.南京:译林出版社,2012:18.

③ 麦克卢汉.理解媒介——论人的延伸[M].何道宽,译.北京:商务印书馆,2000.

④ 波兹曼.娱乐至死[M].章艳,译.桂林:广西师范大学出版社,2004:30.

⑤ 斯蒂格勒.技术与时间:爱比米修斯的过失[M].裴程,译.南京:译林出版社,2012:90.

来的夏宜楼，哪怕看上去景色依旧。新婚之夜的詹小姐，面对瞿生的全盘托出，不能不信又不愿完全接受。所谓的“不要十分说假了”，实则是不能十分说假罢了。幻想的破灭，也就是现实的毁灭。顺着既有真真假假（真实与虚拟）的逻辑，是唯一的出路。这正说明夏宜楼回不到从前也不可能再回到从前。“千里镜”被奉为“法宝”，“作了家堂香火”，活生生地演绎了“媒介道说”中的“道成肉身”。此后的夏宜楼不能不在“法宝”的不时礼拜中存在，并讲述其以往和未来。或许在库尔德利看来，这不过是人通过媒介做什么或是在做什么与媒介相关的事，[①]然而，人的此种“做”必是与媒介的设定及其刺激、推动断不开的。“通过媒介做什么”和“做什么与媒介相关的事”，首要的必是与“什么媒介”有关。看报纸和看电视就不是一回事，否则戴扬和卡茨也就用不着专拿电视来演说“媒介事件”[②]。媒介“并不简单地传递信息，它发展了一种作用力，这种作用力决定了我们的思维、感知、经验、记忆和交往的模式”[③]。

---

① 库尔德利.媒介、社会与世界[M].何道宽，译.上海：复旦大学出版社，2014:41.

② 戴扬，卡茨.媒介事件[M].麻争旗，译.北京：北京广播学院出版社，2000.

③ 克莱默尔.传媒、计算机和实在性之间有何关系？[M]//克莱默尔.传媒、计算机、实在性——真实性表象和新传媒.孙和平，译.北京：中国社会科学出版社，2008:5.

“媒介的魔力在人们接触媒介的瞬间就会产生”[1]，这“魔力”是媒介作为一种“装置将诸要素聚集在一起的某种生成”，是诸要素“安排、组织、装配在一起的”创生过程。[2] 媒介不仅仅是“处于中间位置的”，它对通过中间项的两者起作用。它要在不可逆转的过程中创造出一个模型，超越所有的企图。[3] 瞿生的隔空远扫，媒人的巧舌如簧，口信和诗文的情意脉脉，詹小姐的懵懂好奇，夏宜楼的特定空间，詹父的势利专横，詹家在朝为官的儿子，其他的求婚者等，一干人事全因“千里镜”的介入而现形，环连成网，各自激发，“每一种元素都有助于界定其他元素，每一种元素都为信息在系统中流动做出贡献”[4]，构成了特殊的传播事件——这段奇异婚姻重构了夏宜楼。“生成”不是融合、不是共存，而是一种转化，各自在媒—介中成其所是，形成一种全新的生态。媒介也在这种“活生生的力量漩涡”[5]中，敞开和绽放自身。李渔的“夏宜楼”其实就是“千里镜”化的世界。试想，若不是“千里镜”而是电话（据研究，十九世纪晚期美国电话使用的增加，由于

① 麦克卢汉.理解媒介——论人的延伸[M]. 何道宽，译. 北京：商务印书馆，2000：42.

② 德勒兹.关键概念：第2版[M].田延，译.重庆：重庆大学出版社，2018：91.

③ 德布雷.媒介学引论[M].刘文玲，译.北京：中国传媒大学出版社，2014：125.

④ 海勒.我们何以成为后人类：文学、信息科学和控制论中的虚拟身体[M].刘宇清，译.北京：北京大学出版社，2017：34.

⑤ 麦克卢汉.麦克卢汉序言[M]//伊尼斯.帝国与传播.何道宽，译.北京：中国人民大学出版社，2003.

交流和声音接触的便利，的确促进了情爱事情的发生[①])，其所引发的“魔力”就不同，至少天上掉不下这位瞿哥哥。夏宜楼的整个故事过程、所有关系及其情节戏码都得推倒重来。所以，媒介——就是媒—介的召唤和应答——就是媒介道说：“让我们通向那个由于与我们相关而伸向我们的东西，”“让我们进入与我们相关或传唤我们的东西。”媒介“就是在如此这般允诺着的道说中显示自身本质”[②]。本译丛定名为“媒介道说”，就是得自如是启示。

《约翰福音》的“太初有道”，亦可称“太初有言”。故“道”即“道说”(logos)，又译为“逻各斯”，在西方文化思想中有着重要影响。称“logos”为“道说”，就为表明前者作为一个语言符号自身的内在力量与功能。[③] 据研究者所说的，“logos”——道说，与老子的“道”类似，是话语，也是道理之理或道本身，[④]由此与中国文化和思维方式有了几分亲近。海德格尔把“道说”视为语言本质，是语言的语言。“道说”是把作为语言的语言带向语言，使人通达语言之大道。“道说”即语言本质显身，人们是“在说话(作为顺从语言的听)中”，“跟随被听的道说来道说”的，所以

---

① MARVIN C.When old technologies were new[M].NY：Oxford University Press，1988.

② 海德格尔.在通向语言的途中[M].孙周兴，译.北京：商务印书馆，2005：190，255.

③ 芮欣.道说：从逻各斯到倾空[M].北京：北京大学出版社，2013：11.

④ 陈嘉映.海德格尔哲学概论[M].北京：生活·读书·新知三联书店，1995：298.

是“语言说话”[1]。

如果把海德格尔的“道说”与人的存在关系之特殊意义(语言是存在之区域,存在之圣殿,存在之家,[2]所以技术就成为“座架”)暂且放在一边,仅从他开启语言“本源”或“本质”的“道说”之思,或者以“道说”作为“道理之理”,即“作为一个语言符号自身的内在力量与功能”之意,译丛名为“媒介道说”,就是想破解传播学中将媒介仅仅视为器具、工具的固有思维。“器具是被有用性和需用性规定了的,所以,器具就把它由之据以形成的质料纳入了自己的有用性中”[3],最终留下的是用处、是效应,媒介却消失不见。由此我们希望读者从一个新的、立足媒介自身内在力量的——海德格尔所提示的“一件东西从何而来,它通过什么成为一件东西,这件东西是什么,它如何是”[4]这一存在“本源”即“道说”的角度出发,来阅读这套译丛。有新视角,才会发现新亮光。读书如此,研究亦如此。

“媒介道说”并不主张什么媒介中心主义,也不赞成把人视为中心,此二者本就同根孪生一体两面彼此强化,

---

① 海德格尔.在通向语言的途中[M].孙周兴,译.北京:商务印书馆,2005:239,254.

② 海德格尔.诗人何为?[M]//孙周兴.海德格尔存在哲学.北京:九州出版社,2004:152-216.

③ 海德格尔.艺术作品的本源[M]//熊伟.存在主义哲学资料选辑.北京:商务印书馆,1997:428.

④ 海德格尔.艺术作品的本源[M]//熊伟.存在主义哲学资料选辑.北京:商务印书馆,1997:402.

尽管看上去像是针尖对麦芒。此种非此即彼，注定听不到媒介道说之“大音”。如果一定说有中心，“媒介道说”的中心就是人与媒介的共存以及相互介入和运作这一根本，并由此切近媒介并道说媒介。基特勒将人类传播媒介历史切割为两段：文字媒介阶段和技术媒介阶段。前者以语言编码为基础，后者则完全按照现代数学编码公式而运作。[①] 目今所谓的“后人类”，所谓的“虚拟真实”，不正源自数字编码媒介的变迁吗？媒介关乎人的习性、生活方式和自我构成，并与人共时并进。“不同的文明依赖的传播媒介各有不同。”[②]媒介造就人，一代媒介自成一代人。英尼斯的《传播的偏向》、波斯特的《信息方式》、卡斯特的《网络社会的崛起》等，都已经从不同层面为我们做了见证。据调查，虚拟现实技术已经影响了目前人们对于现实生活的看法，有人曾在问卷中直截了当地回答：“现实并不是我最好的窗口。”[③]以此看，美国芝加哥学派早期代表人物库利是颇有见地的。他认为，人类的本性来自两条生命传递线：一是生物种性；一是语言、交流和教育。只可惜他始终抱定这是两条“明显分开的河道”，也就找不到其交汇之处，最终落在了生物有机体对社会

---

① 基特勒.传播媒介史绪论[J].文化研究，2013(13)：235-254.

② 伊尼斯.帝国与传播[M].何道宽，译.北京：中国人民大学出版社，2003：8.

③ 海勒.我们何以成为后人类：文学、信息科学和控制论中的虚拟身体[M].刘宇清，译.北京：北京大学出版社，2017：36.

的适应上[1]也是不得不然。

既属"人类本性",人与媒介的相接相嵌就非后天强加,而是与生俱来。人,按照盖伦的说法,天生就不是自足的生物,只能依赖于预先构成的自然条件。因此,技术成为人类自身本质的最重要的部分,正像人本身一样形成了一种人造的性质。[2] 用斯蒂格勒的表述,人因"原始性的缺陷",故必以技术的弥补而诞生和存在:技术就是人的代具。代具并非人体的简单延伸,它构成"人类"的身体;代具也不是人的一种"手段"或"方法",而是人的目的。人是以技术的"外移的过程",运用生命以外的方式来寻求生命的。人与物(工具)的共时共生,标志着在有机体和它的环境之间出现了一种新型的关系,一种新的物质类型:即一种有机体(有机化的个人)同环境(一般意义上的、有机的和无机的物质)的关系,是由一种有机化而又无机的物质为中介来实现的,而且二者互为激发:当"什么"在被"谁"发明的同时,也发明了"谁"[3]。这同样是唐·伊德所坚持的。他以为,人从伊甸园下到尘世,就是和技术相伴相行。"对于人类来说,没有技术的生存只是

---

① 库利.人类本性与社会秩序[M].包凡一,王源,译.北京:华夏出版社,1999:5.

② 盖伦.技术时代的人类心灵:工业社会的社会心理问题[M].何兆武,何冰,译.上海:上海世纪出版集团,2008:4.

③ 斯蒂格勒.技术与时间:爱比米修斯的过失[M].裴程,译.南京:译林出版社,2012:19,126,166,20,193.

一种抽象的可能性”，除非被圈在一个“孤立的、被保护的和牢固的乐园”里。“文化—技术的生活形式”，也就因此“限定了所有经验性的人类社会”①。

这样的视野，就是我们透视媒介和人之间关系的基础。依斯蒂格勒的“技术史同时也就是人类史”②的说法，我们也可以毫不迟疑地说，媒介史同时也是人类史，“媒介学的起源应该是人类学”③。勒鲁瓦·古兰说：“人类群体在自然中的行为就像是一个生命肌体……它通过一层物体（工具、器械）的中介来适应自己的环境。人类用斧头砍伐，用箭、刀、锅、匙来取食肉类。人类就在这样一种中间层之中取食、自我保护、休息和行动。”④中间层即媒介。仿照卡西尔的说法，这就是由“劳作”（work）划出和规定的“人性圆圈”⑤。媒介道说就是顺着这样的通达让我们来倾听的。

“媒介道说”译丛，集中展现了不同学科各位名家大师的媒介论述和思想。首先，多学科的思想源流和横岭侧峰的不同入角，大大越出了原有传播学中媒介理论之

① 伊德.技术与生活世界[M].韩连庆，译.北京：北京大学出版社，2012：14，20.

② 斯蒂格勒.技术与时间：爱比米修斯的过失[M].裴程，译.南京：译林出版社，2012：147.

③ 德布雷.媒介学引论[M].刘文玲，译.北京：中国传媒大学出版社，2014：15.

④ 斯蒂格勒.技术与时间：爱比米修斯的过失[M].裴程，译.南京：译林出版社，2012：164.

⑤ 卡西尔.人论[M].甘阳，译.上海：上海译文出版社，1985：87.

一脉，将会为我们重新理解媒介，尤其是在今天这样的数字移动背景下审视媒介，提供重要的思想资源。这是我们主持出版本套丛书的初衷之一。其次，几年前我们就提出，应将"媒介"确定为传播学研究的重要入射角，这不仅是为了纠正传播研究重内容、重效果而忽视媒介的偏向，更重要的是，我们认为从"媒介"入手最能抓住传播研究的根本，显示其独有的光彩。近些年我们在这方面的探索也证明了这一点，并已经初步形成了特色，得到全国同道的关注和呼应。其结果是大大地扩展了人们对于传播的理解，开辟了新的研究议题，重组了研究的领域，使传播研究的面貌和气质得到了一定程度的改变。因此，选择这样一套译丛，既是我们研究设想使然，同时也希望借此为进一步推动这方面的研究添柴加火。最后，也是最重要的一点，即译丛的多学科特色，恰恰表明了"媒介"的极端重要性，它关涉人类社会的各个方面（当今数字技术的运用和影响就说明了一切），因而也是所有学科关注的焦点。因此，这套译丛可以成为一个四通八达的媒介，它将伸入各个学科，汇聚八方来客，共同思考，共同道说，"嘈嘈切切错杂弹"，携手创建中国传播研究的新蓝图。

自然，收入本套译丛的每本书，都是研究者对某一位学术名家媒介论说的梳理，属于"道说之道说"。这些"道说"及"道说"者拥有不同的学科知识背景，其切入角度不同，问题指向不一，论述逻辑各异，基于不同的价值立场和媒介经验，就其内容而言，可以起到方便接引的作用，作为研究的初步向导，激发读者深入探索的兴趣。它既不能代替原著的阅读，更不是模仿照搬，“泥洋不化”，好比夏宜楼里的“千里镜”，作了个现成供奉的“宝物”。相反，我们要立足中国的媒介实践、传播经验和现实问题，从“媒介道说”中批判性地吸取养料，大胆想象，深耕细作，不懈努力，形成并发出中国学者之“媒介道说”，并由此与世界对话。这，是我们的期待，也是每一位媒介学者应有的承当。

“哲学最终可能只不过是媒介理论而已”①，对这个大胆的预测，我没有能力评判。不过由此倒让我想起海德格尔喜欢征用的两句诗：“词语破碎处，无物可存在。”现就将之稍作改动，以鹦鹉学舌结束这篇不算短的文字：

媒介破碎处，无物可存在。

媒介道说。

---

① 哈曼.铃与哨：更思辨的实在论[M].黄芙蓉，译.重庆：西南师范大学出版社，2018：219.

中文版序

很高兴拙作《哈贝马斯论媒介》被翻译成中文，与中国读者见面。尤尔根·哈贝马斯是二十世纪和二十一世纪最重要的西方思想家之一。他关于媒体、公共领域和沟通行动的作品在世界各国广受赞誉，这当中包括中国，而哈贝马斯本人也曾在2001年到访过中国。至于哈贝马斯在德语世界之外的接受状况，对其他西方国家的情况我们知之甚多，但对于他在中国的接受史仍有待详细考察。当然，这种接受也会一直持续到未来。

尽管哈贝马斯在中国的接受史付之阙如，但很显然，哈贝马斯长期以来既是跨国学术公共领域的主角，也是倡导者。公共领域是思想交流的开放空间，而学术出版则构成了自身的话语领域，广大学者和学子们可以利用它来研学和交流思想。哈贝马斯坚信，在全球化的当下世界，公共领域必须超越国界。许多当代问题并没有停留在国家边界以内，相关的讨论自然也不该止步于此。

有趣的是，哈贝马斯在讨论公共辩论的跨境性质，即公共领域的跨国化时，他设想的并不是一个凌驾于现有国家讨论空间之上的全新的一元化空间。相反，他寻求各国媒体和公共领域之间相互开放，以此促进双向的交叉融合。哈贝马斯借用了一个生物学隐喻，即通过一个双向可透膜完成的“渗透”(osmosis)，来描述这种沟通层面的往复。各国的学术(和非学术)辩论领域应该通过渗透作用相互连接：可透膜一侧的高浓度思想逐渐转移至另一侧，这边短缺的思想则从边界那边流入进来。这样一来，学术和非学术的思想交流就可能不再是一道障碍，而更多的变成一种渠道。

顺带一提，在商议理论最具潜力的创新中，我们也看得到这种跨境沟通的渗透性观点。我指的是“倾听”这个概念。哈贝马斯所界定的对话式商议与其他一些要求不甚严苛的沟通形式的区别在于，它不仅关注“声音”表达(谁可以发声)，而且关注倾听(谁得以被倾听，他们传递的信息如何被接受和理解)。从理论上讲，存在两种相反的倾听概念：一种是肯定式倾听(cataphatic listening)，表现为人们只是假意在听，目的在于利用反方论点来支持自己的立场；另一种是否定式倾听(apophatic listening)，倾听者真正试图理解对方的关切和论点。

毋庸讳言，哈贝马斯希望渗透式的跨国交流能够得到否定式倾听的支持，以便达成真正的理解。那么，如果这本小书能够以自己的方式为促成中西方之间的这种学术渗透做出贡献，我将备感荣幸。

哈特穆特·韦斯勒

2021 年 11 月

译者序

与《哈贝马斯论媒介》这本书结缘，要回溯到2019年初。当时，此书的英文版刚刚在美国发行。出于对书中内容强烈的兴趣，我拜托导师潘忠党教授借暑期回国之际帮我带回一本。也因此，我得以在本书出版后很短时间内便领略到其全貌。

而成为其译者，则是一年以后的事情了。2020年夏，复旦大学信息与传播研究中心联合中国传媒大学出版社面向学界同仁，公开招募译者。那时我刚刚完成另一部学术著作的翻译，向出版社提交了书稿。首次的学术翻译工作，过程之艰难显然远远超出我最初的想象，因此我有些抗拒短期内再次翻译一本书的想法。然而本能上的排斥没能让我免于思想上的纠结。经过反复的自我商议，同时在信赖的师长的鼓励下，我向本书编委会递交了应征申请，并在一轮试译后获得了译者的资格。

为什么我还是想翻译这本书呢？这是因为在我求学治学的成长道路上，哈贝马斯的理论曾经并且仍在持续带给我启发和指引，他始终拒绝犬儒的公共知识分子人格操守更加令我敬佩。想要做好这份翻译工作,一来是向我崇敬的思想家表达个人敬意,同时也希望能够借着这项工作有机会再度集中阅读其理论作品,并和各位读者朋友分享这份由纯粹的学习过程所带来的收获与满足感。

作为法兰克福学派第二代的旗帜人物,哈贝马斯所建构的话语体系宏大而深刻,他也因此常被理论界和知识界视作当世最有影响力的社会理论家、哲学家和思想家。对于媒介与传播学者而言,哈贝马斯在理论和实践上的批判指向,在虚假信息弥漫、民粹主义回潮、政治极化加剧和媒体信任日渐缺失的当下,具有何种意义?在这本内容并不晦涩艰深的学术"导读"中,作者哈特穆特·韦斯勒透过一个"媒体镜头",聚焦媒介,拷问它被赋予的民主功能及其现实可能,以此审视哈贝马斯的理论作品,并揭示出其媒介理论与当代社会生活之间密切的相关性。

本书前三章围绕哈贝马斯理论中最为人熟知的三个概念——公共领域、沟通行动和商议民主[①],按照时间脉络,梳理了哈贝马斯的代表性论著,包括《公共领域的结

① Deliberative democracy 和 deliberation 各自有多种中文译法。其中对 deliberation 较常见的中文翻译包括商议、协商、审议等。本书译者采用"商议"的译法,以凸显此概念所蕴含的自由、开放、平等、包容等规范理念,以及由媒体中介的公共讨论和辩论的性质。与之相应,deliberative democracy 在本书中被译为"商议民主"。

构转型》(德文版,1962,英文版,1989)、《沟通行动理论》(德文版,1981,英文版,1984)和《在事实与规范之间》(德文版,1992,英文版,1996)。在后续的几章中,作者由讨论哈贝马斯商议民主模式的替代方案入手,转而检视运用其商议概念评估媒体质量的经验研究,在此基础上考察非商议性媒介话语促进宏观层面的社会讨论的潜能,以及情感如何介入中介化公共传播等问题。在展开论述的过程中,作者穿插地介绍了其他一些相对而言受到较少关注的哈贝马斯的作品,如《对他人的包容》(1998)、《关于公共领域的进一步思考》(1992)和《媒介社会中的政治传播:民主仍然具有认知维度吗?》(2009)等著作和文章。哈贝马斯的媒介理论在50多年里所历经的主要阶段和重要演变,通过本书的呈现跃然纸上。然而,作者并未止步于梳理哈贝马斯的理论和观点,而是尝试通过与学术界最前沿的相关论辩展开对话,作出理论上的澄清与发展。这至少表现在如下三个方面:

首先,韦斯勒提醒我们,哈贝马斯的媒介理论所搭建的是一套规范性框架,以规范话语阐明在现代社会中媒体应该承担何种功能。在哈贝马斯的论述中,媒体应当自由而多元,它面向普通公民开放,致力于推动公共领域内“审慎舆论”的形成,并反作用于政治系统的内部议程。韦斯勒将这种规范理想称为“深度媒体民主”(p. 54)。然而,这套对媒体功能的规范性期待受到现实中的结构性制约。如韦斯勒所言,哈贝马斯批评媒体并不总是服务于民主,他甚至告诫我们不应该对媒体中出现真正的商议抱有很大期望。对此,韦斯勒认为,研究者面临的挑战是发展一种“更为宽泛和渐进的中介化商议概念”(p. 79)。他主张,将中介化商议的构成元素加以分解,从包容性、回应性、论理性和文明性等维度入手,经验地衡量现实中媒体的商议性程度。

第二,韦斯勒探讨了非商议性媒介话语如何才能推动公共领域内的辩论和讨论。作者认为,尽管哈贝马斯并未就非商议性媒介话语作出直接论述,但受其理论启发,围绕致意、抗议等非商议性话语对于社会讨论和集体学习的潜在贡献展开研究至关重要。为此,韦斯勒提出一种媒介分析形式,“既不主张把商议和非商议混为一谈,也不主张将二者分作两处”。他反对“商议必须保持不被非商议性沟通的毒素所污染”的观点;相反,他关注非商议性媒介话语与真正的社会讨论之间更为具体并且不断变化的关系。他将这种关系称为哈贝马斯式媒介分析的“独立伙伴关系”范式(p. 125)。这一范式的提出为媒介研究者探讨媒体中那些具有颠覆性的内容,提供了锚定其规范意义的参照点。

第三,在针对以上问题作出探讨的基础上,韦斯勒转入探究情感如何介入公共讨论。哈贝马斯的理论由于偏重理性而饱受批评者诟病。然而,韦斯勒认为,透过哈贝马斯关于情绪的零散评论可以看出，他看待情绪的角度与众不同。哈贝马斯将情绪视作在道德违规或分歧情况下的情感反应，也就是说，他是以一种关乎道德判断、投入或参与，以及论证理据的方式来处理道德情感的。正因为此，作者提出，哈贝马斯的理论框架“允许对公共讨论所蕴含的情绪进行更系统的研究，特别是将分析的注意力引向道德分歧的情况，将其作为情绪投入的来源”，如此看来，无论是消极情绪，还是积极情绪，都有可能引发真正的公共讨论、促进集体学习(p. 145)。

翻译中最难把握的是哈贝马斯理论中抽象艰深的概念，比如 communicative action 是译作“交往行动”还是“沟通行动”，validity claim 是翻译为“有效性要求”还是“有效性宣称”等。本书中所提及的哈贝马斯的代表性著作均已有中译本，但我在翻译过程中没有采用简单复制已有译法的方式，特别在处理一些长引文时，我主要是以本书信息作为翻译的依据。需要作出特别说明的是，鉴于丛书统一提法的需要，“public sphere”这一概念除了在《公共领域的结构转型》等著作和文章标题中出现时，保留了“公共领域”的译法，在本书其他部分均被译为“公共空间”。我为此感谢读者们的宽容和体谅。

在此，感谢我的好友、浙江大学传媒与国际文化学院李红涛教授，百忙之中抽出时间阅读书稿，仔细校对，并耐心为我答疑解惑。感谢原书作者哈特穆特·韦斯勒教授热情、及时地回复我的问题并为本书作序。最后要感谢我的导师潘忠党教授，第一时间把这本书带与我，以及从学生时代起在我心中播撒下心有省思、关怀公共的精神火种，在我看来，这些是对哈贝马斯理论和思想至真至切的秉承与实践。

闫文捷

2021年11月于北京

致谢

我第一次接触哈贝马斯的作品要追溯到1985年春天，那是我大一下学期。当时我修了一门理论入门课，我和一群同学被指定作一个关于《公共领域的结构转型》的报告。当时，在德国的传播学专业中，让学生很早就阅读哈贝马斯的原著并不罕见。后来我从北欧的同事们那里了解到，他们那里有些地方也是这样。这种尽早熟读原著的做法颇有益处，我对此心存感激。当然，作为年轻的本科生，我们肯定没有抓住许多更广泛的理论线索。在我为了准备写这本书而重读那些熟悉的作品、初读较新的作品时，这些线索才变得清晰起来。

然而，在为英语读者写这本书时，我最大的发现是，话语语境不同了。我意识到，哈贝马斯在媒介与传播研究方面的生产力，在德国这个狭窄的范围之外并不那么明显，因此必须更清楚地加以解释。我也必须更明确地指出其作品与该领域其他研究之间的联系，而在德语语境中不必如此。另一方面，多年来我们也清楚地看到，多少建立在哈贝马斯基础上的关于商议和商议民主的学术工作,在美国(和其他国家)的发展至少与在德国一样强劲和富有成效,而且走上了不同的发展路线,我需要了解它们,以把握哈贝马斯的国际影响。

因此,为英语国家的读者写作迫使我对自己的研究主题采取一种局外人的视角,并对我认为理所当然的一些内容提出质疑。其结果是一种特殊的跨文化交流。它有助于我澄清想法,使我对哈贝马斯在媒介与传播研究领域的贡献更具批判性。它帮助我发现了哈贝马斯有关媒体的研究工作中有待扩展和修正的领域,并促使我强化其值得进一步在理论和经验层面阐发的可能性。

从阅读哈贝马斯,到他在英语世界被接受,再回到他的作品及其可能的扩展,在这趟旅程中,我得到了大西洋两岸和其他地区的诸多师友的帮助。在欧洲方面,我从与下面这些师友或长或短的交流中获益匪浅,他们是安德烈·巴赫蒂格(André Bächtiger)、迈克尔·布鲁格曼(Michael Brüggemann)、克里斯蒂安·艾尔德斯(Christiane Eilders)、伯恩沃德·格桑(Bernward Gesang)、约斯坦·格里普斯路德(Jostein Gripsrud)、凯瑟琳娜·霍尔辛格(Katharina Holzinger)、奥特弗里德·贾伦(Otfried Jarren)、哈尔瓦德·莫(Hallvard Moe)、芭芭拉·普菲茨(Barbara Pfetsch)、迈克·谢弗(Mike Schäfer)、吕迪格·施密特-贝克(Rüdiger Schmitt-Beck)、坦耶夫·舒尔茨(Tanjev Schultz)、于尔格·施泰纳(Jürg Steiner)和亚尼斯·提奥查利斯(Yannis Theocharis)。我尤其要感谢已故同事伯恩哈德·彼得斯

(Bernhard Peters)(1949—2005),他跟我分享了对哈贝马斯的独特的一手观点。在欧洲以外,感谢与斯科特·阿尔索斯(Scott Althaus)、罗德尼·本森(Rodney Benson)、罗斯·马亚(Rose Maia)、帕特里夏·梅(Patricia Moy)、约翰·帕金森(John Parkinson)和马修·鲍尔斯 Ⅷ
(Matthew Powers)的长期合作或短暂交流。我还要感谢富布赖特基金会提供的旅行资助,使我得以在2011年春天到纽约大学担任访问学者,期间我受到了罗德尼·本森的慷慨招待。

在国内,我非常感谢我在曼海姆大学研究团队的现任和前任成员:曼努埃尔·阿道夫森(Manuel Adolphsen)、陈忠红(Chung—hong Chan)、雷纳·弗洛伊德塔勒(Rainer Freudenthaler)、埃里克·亨德里克斯(Eric Hendriks)、卢茨·霍弗(Lutz Hofer)、克里斯蒂娜·约翰(Kristina John)、夏洛特·洛布(Charlotte Löb)、朱莉娅·勒克(Julia Lück)、克里斯托夫·尼曼-莫(Christoph Niemann-Mall)、艾克·林克(Eike Rinke)、玛丽亚·罗德(Maria Röder)、大卫·谢弗代克(David Schieferdecker)以及安塔尔·沃兹尼亚克(Antal Wozniak)。围绕本书的主题,要特别感谢艾克·林克,我们长期以来合作研究中介化商议问题,感谢夏洛特·洛布和雷纳·弗洛伊德塔勒,我们目前正在合作研究中介化公共领域。帕特里克·哈夫纳(Patrik Haffner)和乔纳斯·沃尔贾内克(Jonas Voljanek)在整理理论和经验文献方面提供了帮助。我特别感谢玛丽安·瓦利古拉(Marianne Valigura)多年来强有力的办公室后勤支持。

感谢曼海姆媒介与传播研究所的同事们提供了一个如此令人振奋的工作环境。我也从在曼海姆大学(University of Mannheim)、苏黎世大学(University of Zürich)和巴西米纳斯吉拉斯联邦大学(Federal University of Minas Gerais)时与学生们的课堂讨论中获益良多。

我的父母鲁道夫·韦斯勒(Rudolf Wessler)(1927—2007)和玛莎-伊丽莎白·韦斯勒(Martha-Elisabeth Wessler)为我从事学术工作打下了基础,我非常感谢他们的指导和激励。最后同样重要的是,我的妻子玛丽塔·哈特纳克(Marita Hartnack)比任何人都清楚,学术工作在成为满足和幸福的源泉之前的确非常紧张吃力。她的坚持、鼓励、启发、挑战、批评和对我的支持超出了我的预期,值得称颂。我全心全意地把这本书献给她。

哈特穆特·韦斯勒

绪 论 1

尤尔根·哈贝马斯(Jürgen Habermas)是当代最重要的哲学家和社会理论家之一。他的作品被国际学术论著广泛引用,对世界各地的媒介与传播学者产生了深刻影响。他对媒体理论化的独特贡献围绕三个核心概念展开,这些概念都与他的名字紧紧联系在一起:公共空间(public sphere)[1]、沟通行动(communicative action)和商议民主(deliberative democracy)。可以毫不夸张地讲:

- 哈贝马斯发现**公共空间**是现代社会中一个独特的社会生活领域(Fraser,2009);
- 他通过整合语言学和社会学的大量既有研究,发展出关于**沟通行动**的独特构想;
- 他是民主理论中**商议传统**的奠基人。

本书稍后将详细解释这三个概念。在这里,需要指 2
出的是,这三个概念都和"媒体"息息相关。媒体对于公

① 鉴于丛书统一提法的需要,"public sphere"除在《公共领域的结构转型》等著作和文章标题中出现时保留中文译作的原始译法"公共领域"外,这一概念在本书中被统一译作"公共空间"。——译者注

共空间的运作至关重要。人们利用媒体参与沟通行动(以及其对立面的策略行动)并传播行动成果。而如果未经媒体广泛传播思想和论点,大规模社会中的商议民主根本不可想象。哈贝马斯谈论“媒介”或“媒体”时,他关注的主要是报纸和电视等大众传媒;他对互联网着墨不多。但即便是今天,这也并未削弱他对传播和媒介研究的贡献,其原因恰恰在于他的媒体观是如此强烈地与这三个核心概念融合在一起:公共空间,沟通行动和商议民主并不拘泥于**大众**媒体。相反,今天的数字网络媒体在一定条件下有助于构建公共空间,令沟通行动成为可能,并且对蓬勃发展的商议民主至关重要。哈贝马斯的论著之所以能够持续启发当代媒介与传播研究,正是因为其理论针对的并不是特定类型的媒介,而是更一般的社会交往或沟通的质量。

生　平

我们将在下一节概括哈贝马斯独特的理论贡献,在此之前,有必要对其生平稍加介绍(更全面的传记,参见Müller-Doohm,2016)。尤尔根·哈贝马斯 1929 年 6 月 18 日出生于德国杜塞尔多夫,在小城古莫斯巴赫长大。
3 纳粹上台时,他只有三岁,二战结束、纳粹独裁政权倒台时,他十五岁。在战争的最后关头,就像大多生于 1928 年和 1929 年的年轻人一样,哈贝马斯奉命到西线担任军事助手,幸运的是,他并没有参加实际的武装战斗。独裁统治和战争的经历,让哈贝马斯对战后西德的自由和民主承诺抱着巨大的希望。1949年，哈贝马斯高中毕业，这一年德意志联邦共和国成立。二十世纪五十年代初，在哥廷根大学、苏黎世大学和波恩大学等学校就读期间，他变得越来越政治化，并对西德首任总理、保守派康拉德·阿登纳（Konrad Adenauer）任期内的恢复性倾向提出批评。哈贝马斯在京都奖（被视为人文领域的诺贝尔奖）的获奖感言中回顾了这段历史，他说道："康拉德·阿登纳维持原有社会精英和文化偏见的连续性，为其政策赢取支持。这种做法令人窒息。没有与过去的决裂，无论是人员安置，还是国民心态，一切如旧——既没有道德更新，也没有政治观念上的革命"（Habermas，2008，19）。正是在这种氛围中，哈贝马斯在二十四岁时，也就是他获得其哲学博士学位的前一年，写下了第一篇论政文章，刊登在大报《法兰克福汇报》（*Frankfurter Allgemeine Zeitung*）上。在这篇题为《以海德格尔之矛攻子之盾》的文章中，哈贝马斯直截了当地抨击了当时德国最著名的哲学家之一的马丁·海德格尔（Martin Heidgger），理由是后者原封未动地出版了自己1935年的讲稿，其中他对纳粹运动的"内在真理与伟大"大加颂扬。这篇文章在战后德国激起了不小的争论，也确立了哈贝马斯在公共辩论中的敏锐批评家和尖锐斗士的声誉。

不过还有另一种个人经历促使哈贝马斯终其一生关 4
注公共发声的可能性以及与他人进行话语交流的益处。哈贝马斯天生患有上唇腭裂，不得不在很小的时候就接受手术治疗。由此造成的终身言语障碍以及来自同窗的排斥，使哈贝马斯深刻地意识到公开表达自己的能力是何其宝贵，又是何其脆弱。“我还记得在课上或课间，当我浑然不知地操着鼻音和扭曲的发音讲话，试图使别人理解我的意思的时候所遇到的困难。我已离开家庭生活的避风港和熟悉的环境，不得不去适应一个新的‘匿名’的领域”(Habermas，2008，15)。校园是一个公共空间，颇像政治公共领域这个更为抽象的空间。二者都是相对不那么舒适的空间，需要大胆表达自己的想法，还要冒着被拒绝的风险。哈贝马斯认为，无论是在校园还是在政治公共领域内，我们都与他人“纠缠在一个日益紧密、也愈发脆弱的相互承认的关系网络之中”(Habermas，2008，17)。我们面临着“对等性被剥夺的风险。人和人之间的平等尊重这一道德观念便旨在消减此类风险。因为它意在消除歧视，并促进将边缘人群纳入相互承认的网络”(Habermas，2008，17)。

在一段短暂的自由撰稿记者生涯后，哈贝马斯于1956年成为西奥多·阿多诺(Theodor W. Adorno)的研究助理。阿多诺流亡归来后，与马克斯·霍克海默(Max Horkheimer)一起在法兰克福大学重新开办了社会研究所(Institute for Social Research)。自1924年成立以来，社会研究所一直是批判理论的孕育地，其主旨在于通过多学科的努力批判地分析当时的现代资本主义社会。阿
5 多诺、霍克海默以及赫伯特·马尔库塞(Herbert Marcuse)、瓦尔特·本雅明(Walter Benjamin)、埃里希·弗洛姆(Erich Fromm)、利奥·洛文塔尔(Leo Löwenthal)等人被称作法兰克福学派第一代。哈贝马斯后来成为第二代的中坚人物。但在这之前，由于霍克海默的暗中活

动，哈贝马斯不得不在 1959 年离开法兰克福研究所。霍克海默认为哈贝马斯“太政治化”，拒绝接受其教授资格论文。而只有论文通过，哈贝马斯才能获得执教资格，才能在高校独立任教。哈贝马斯转而在沃尔夫岗·阿本德洛特（Wolfgang Abendroth）的指导下，在马尔堡大学提交了教授资格论文，阿本德洛特是当时德国为数不多的公开的马克思主义哲学家之一。这篇论文的题目是《公共领域的结构转型：论资产阶级社会的一个范畴》，它牢固确立了哈贝马斯作为一流社会理论家的声誉。这也成为他毕生专注于理性公共辩论之释放潜力的标志性起点。

1961 年论文完成后，哈贝马斯立即成为海德堡大学的哲学教授。三年后，具有讽刺意味的是，他又回到法兰克福，成为霍克海默的继任者。从 1964 年至 1971 年，他在法兰克福大学担任哲学和社会学教授。在此后的十年间，即从 1971 年至 1981 年，哈贝马斯与卡尔·弗里德里希·冯·魏茨泽克（Carl Friedrich von Weizsäcker）一起担任位于慕尼黑附近施塔恩贝格的马克斯·普朗克科技世界研究所的联合主任。研究所迅速成为德国内外学术辩论的温床，也滋养了许多流传于学术界和公共辩论中富有影响力的思想。在施塔恩贝格，哈贝马斯完成了他的代表作《沟通行动理论》。

1983 年，哈贝马斯再次回到法兰克福，担任哲学教 6
授，直到 1994 年退休。这时他的《在事实与规范之间》一书已经问世。继二十世纪六十年代的《公共领域的结构转型》和二十世纪七八十年代的《沟通行动理论》之后，

《在事实与规范之间》标志着哈贝马斯思想的第三个阶段，其时间跨度为二十世纪九十年代和二十一世纪初。在这本书中，他为一种新型的规范民主理论——商议民主理论奠定了基础。哈贝马斯将民主治理重构为集体意见形成和决策的过程，以确保政策制定过程更加理性。退休以来，哈贝马斯仍然非常活跃，以学者和公共知识分子的身份发表了十余本著作和大量文章。他也获得了许多知名的国内和国际奖项。

概览：哈贝马斯对媒介研究的贡献

哈贝马斯在其教授资格论文《公共领域的结构转型：论资产阶级社会的一个范畴》中首次提出了他对**公共领域**的构想。论文早在1962年便以书的形式用德文出版了，但直到1989年才被翻译成英文。这一姗姗来迟的译本在国际上引发了激烈的讨论，部分结集为《哈贝马斯与公共领域》(Calhoun，1992)。“公共空间”一词在整个社会科学和人文学科以及一些公共和媒体辩论中被广泛使用。哈贝马斯使用该术语的方式相对具体，并且带有规范性色彩：公共空间是一个话语领域，公民在其中讨论共
7 同关心的问题，这些讨论由论点的力量主导，而非受发言者的社会经济地位支配。这种理解是规范性的，因其带有规定性的因素：公共空间中的交流**应该**引起真正的讨论，帮助更好的论点胜出。如果这样定义的话，那么并非所有公开展示或出现在“媒体上”的内容都有助于维系公共空间——想想八卦、谣言或“假新闻”。但是，报纸社

论、文雅的电视和广播谈话节目，以及某些类型的在线讨论却都对此有所帮助。哈贝马斯对公共空间概念特有的规范式界定遭到批评，他在《关于公共领域的进一步思考》(Habermas,1992)一文中对此做出了回应，并对这本早期著作做了一系列重要的修正(详见本书第一章)。除了这种明确的批评之外，“公共空间”一词也在很多地方被相当宽泛地使用，它几乎成了一个包罗万象的统称，用来指代其他人看得见或听得到的任何东西。因此，每当这个概念在各类著述中出现，为了避免混淆，我们都有必要推敲其用法是不是哈贝马斯的原始含义。

第二个核心概念“沟通行动”是在哈贝马斯的代表作《沟通行动理论》中提出的。这部两卷本的著作于 1981 年以德文出版，英译本则分别于 1984 年(第一卷)和 1987 年(第二卷)问世。在书中，哈贝马斯为他关于沟通或传播在现代社会中的作用的思考奠定了新的基础。在其早先的著作《公共领域的结构转型》最终在 1989 年以英文面世之前，这两卷本在英语学界已经流通了数年。不过，《公共领域的结构转型》的英语读者大多都没读过《沟通行动理论》。因此，在二十世纪九十年代初的学术讨论 8
中，人们并没有充分认识到“沟通行动”这一新概念对理解公共空间中沟通的意义。哈贝马斯认为，沟通行动是“旨在达成理解的行动”，必须与“旨在取得成功的行动”——即策略行动——明确区分开来(Habermas,1984,285)。当我们为了与会话伙伴建立理解而行动时，我们不仅要在语言层面让对方理解自己，还旨在达成对于所说内容的“理性驱动的共识”。无论是有意还是无意，我们都希望别人相信：(1)我们所说的是真的；(2)我们的言辞符合普遍接受的社会规范，即原则上所有相关者都能认同的规范；(3)我们使用的词语反映了真实的想法。因此，哈贝马斯认为，当我们开展沟通行动时，我们不由自主地提出了三项有效性宣称：我们宣称我们要说的话客观真实、道德正确并且主观真诚。尽管《沟通行动理论》展示了“沟通”这一复杂概念对于理解人类活动是何等重要，但这本书本身并没有建构出一个很好的媒介理论。尤其是它并没有充分阐明，在政治演说、公民抗议、新闻或公共关系等超越面对面场景的公共场合中，沟通行动的角色为何。

哈贝马斯在另一本重要著作中才明确地将其公共空间理论和沟通行动理论联系起来，并对媒体在民主生活中的作用作出最新阐述。在《在事实与规范之间》(德文版，1992，英文版，1996)一书中，他提出一种围绕**商议**概念展开的民主构想。商议是一种沟通形式，在其中不同的行动者通过交换论点，即观点和理由，以达成共同的解
9 决方案。自由民主的相关机构——议会、政府、独立的法庭——以及市民社会的行动者——公民、志愿团体、社会运动和媒体——构成民主沟通不可或缺的场所和动力。从商议的视角看，民主是一场集体学习的大规模实验，而不仅仅是相互冲突的利益间的协商。在中介化的公共传播中，思想交流要在观众面前上演，这些观众小到专业在线论坛的小规模受众，大到晚间电视新闻节目的庞大受众。在《在事实与规范之间》第八章“论市民社会和政治公共领域”中，哈贝马斯展示了公民及其社团的公共商议

在何种条件下可以获得相对于国家机构和其他掌权者的“沟通权力”(communicative power)。因此,哈贝马斯的商议民主理念建立在自发的、自下而上的沟通之上,这种沟通致力于“围困”政治系统的中心,却不以征服它为目的(Habermas,1992,452; 1996,443)。

哈贝马斯(1996,378)认为,媒体的使命在于支持“开明公众”——即积极、审慎的公民——养成学习的意愿和批评的能力。在关于这一主题的最新论述,即《媒介社会中的政治传播:民主仍然具有认知维度吗?》一文中,哈贝马斯进一步阐述了关于媒体在民主中的作用的规范理念(Habermas,2009b)。他强调,媒体处于一整套系统的中心,该系统旨在通过政治行动者、大众媒体、市民社会和国家机构之间复杂的输入和输出流网络,产生深思熟虑的舆论(Habermas,2009b,166)。遵循这套理念,哈贝马斯激烈地批评鲁珀特·默多克(Rupert Mrdoch)和西尔
维奥·贝卢斯科尼(Silvio Berlusconi)①等媒体大亨,同时 *10*
也对网络媒体能否为商议民主做出有意义的贡献持怀疑态度。

本书概要

哈贝马斯着眼于解决社会理论中一些最基本的问题。他的论著旨在理解人类能动性的本质和社会的学习

---

① 鲁珀特·默多克,生于澳大利亚墨尔本,现居美国,任新闻集团和福克斯公司董事长。西尔维奥·贝卢斯科尼,意大利政治人物和企业家,同时也是知名传媒大亨。——译者注

能力，在此过程中，他努力整合其他作者的许多前期研究。幸运的是，哈贝马斯还是一位公共知识分子，经常在国内外的公共辩论中发表意见，因此他很清楚学术术语所带来的困难。故而，他的文章中有时会加入一些比喻，以阐明复杂的问题。其中一个例子，是上文提到的市民社会将政治系统置于“围困”之中的想法。另一个例子是“水闸”(sluice)的概念，公民的关切必须通过这些闸门才能在政治权力中心被听到。或者考虑一下“渗透”(osmosis)，通过这种方式，源自一个公共辩论领域的论点扩散到相邻的领域，从而形成一种共同的、跨越边界的讨论，这种讨论超越了那些不断重复而熟悉的立场所固有的狭隘视野。在本书中，只要有可能，我都会用这些有趣的修辞切入点来解释哈贝马斯的思想以及围绕这些思想的辩论。

本书的前三章追溯了哈贝马斯的媒介思想在过去 55 年中的发展历程。第一章从《公共领域的结构转型》开始，讨论其批评者，介绍哈贝马斯在 1992 年提出的修正。第二章将沟通行动的概念放入与媒体的关系中，放回《沟通行动理论》的整体架构，对其加以解释。第三章指出哈
11 贝马斯在《在事实与规范之间》和《媒介社会中的政治传播》中所构想的媒体在商议民主中的角色。

第四章至第七章提供了围绕哈贝马斯思想的替代方案、延伸和辩论。在第四章中，我概述了哈贝马斯商议民主模式的三个规范性竞争者，即自由民主模式、共和民主模式和争胜民主模式，以及哈贝马斯对每种模式的回应。第五章系统梳理了运用商议概念对新闻和讨论媒体的质

量进行经验评估的研究。我聚焦质报、电视新闻、推特和政治博客,并探讨其中哪一类的论坛最具潜力开展审慎的思想交流。结果令人惊讶。

第六章更进一步,仔细考察了非商议性的媒体内容,如讽刺、中介化抗议和公共仪式。我意在寻求这些公共传播形式为真正的社会讨论和学习做出的贡献,尽管它们本身并非商议性的。最后,在第七章中,我聚焦围绕反公众(counterpublics)和中介行动主义(mediated activism)的概念化争论,并就情感在中介化商议中的作用提出一个新的视角。

最后一章旨在指出在哈贝马斯的思想启发下,未来媒介与传播研究的可能路径。哈贝马斯对该领域的独特贡献在于,他坚持认为中介化传播必须始终与社会的自我解放和自我调节相结合——即使在商业化程度日益加剧、政治冷漠和民粹主义日益严重的时代也应如此。如何更新这种纽带关系是当代媒介与传播研究中最激动人心和最紧迫的问题之一。

在开启这段旅程之前,我还需要作个最后的免责声明。我写本书的目的是为媒介与传播学者和学生提供哈贝马斯启发的指南。在本书后面的章节中,我将强调我 *12*
所认为的最紧迫和最富前景的问题:确保我们所接触的新闻和讨论具有较好的商议质量;确保非商议性的媒体内容不仅是令人愉悦的,而且能为有意义的公共辩论贡献新的想法和观点;将针对经验和不满的真实的中介化表达与富有成效的互动调和起来,这种互动展示了相互尊重,并有助于实质性地解决这些不满。简而言之,我会透过“媒体镜头”来审视哈贝马斯的理论作品。这意味着，我不一定会详细介绍哈贝马斯近年来讨论的一些话题，例如，欧洲和全球治理的未来，或者宗教在公共生活中的作用（概述见 Jacobson，2017）。这其中的部分原因是我已在其他项目和著述中考察了跨国公共空间和媒体对宗教和世俗主义的辩论等问题（见 Wessler et al.，2008；Brüggemann and Wessler，2014；Wessler，Rinke and Löb，2016）。但最主要的原因当然是这本书不叫《今日哈贝马斯》，而是叫做《哈贝马斯论媒介》。那么，就让我们开始吧。

可以毫不夸张地说，哈贝马斯“发现”了作为独立社会领域的公共空间。正如南希·弗雷泽（Nancy Fraser）（2009，148）所言，这一发现“足以与自然科学中的发现比肩而立”。“公共空间”一词指的是“现代社会的一项核心制度（institution），以前不存在任何与之对应的英语词汇”（p. 148）。一言以蔽之，在哈贝马斯的理解中，公共空间是一处竞技场，公民在其中讨论共同关心的问题。在欧洲社会从贵族阶级占社会统治地位的封建制度向经济生产资料所有者占社会统治地位的资本主义制度过渡的过程中，这个竞技场慢慢发展成一个独立的社会领域。其结果是，公共空间楔入公共权威领域（我们今天称之为国家）和经济再生产及家庭生活的私人领域之间，成为第三空间。表 1.1 展示了公共空间楔入十八世纪欧洲社会结构的情况。

14 **表 1.1　十八世纪资产阶级公共空间的蓝图(改编自哈贝马斯 1989a,30)**

私人领域		公共权威领域
私人领域	*公共空间*	
市民社会 (商品交换和社会劳动领域)	*政治公共空间* *文学公共空间* (俱乐部、新闻界)	国家 (警察机关)
婚姻家庭内部空间 (资产阶级知识分子)	市镇 (文化商品市场)	宫廷 (王公贵族社会)

公共空间和私人领域

需要指出的是,哈贝马斯所说的“私人领域”(private realm)与当代的用法有所不同,并不是仅仅指伴侣、家庭成员或朋友之间的亲密关系。私人领域之所以称为“私人”,是因为其中的行动者都是“平民”(private citizens),他们不承担任何公权力和国家职能。这个私人领域中,既包括企业家、商人和手工业者(“市民社会”),也包括由男性家长、从属的妻子所组成的家庭,家中常常还有佣人(“婚姻家庭的内部空间”)。这些社会范畴和活动日益脱离国家(公共行政、警察、军队)和贵族宫廷,在十八世纪,王公贵族的成员依旧过着特权生活。随着平民想要从贵
15 族统治中解脱出来,并要求在新兴的资本主义社会中发挥领导角色,一个独立的“公共空间”便形成了。它包括咖啡馆,沙龙,知识分子辩论的小圈子,印刷出版物,书报杂志和艺术品的买家和卖家,以及音乐会和剧院观众

(“市镇”)。

从封建主义向资本主义过渡的早期阶段,公共空间更多局限于讨论文学问题和发展独特的资产阶级品味,使之有别于贵族宫廷中的沙龙会话和艺术创作。随着新兴资产阶级主张自己在政治和治理事务中的领导权,这种最初的“文学公共空间”或后来所称的“文化公共空间”变得愈发政治化。新兴的“政治领域中的公共空间”(或“政治公共空间”)开始在国家与公民之间扮演中介领域的角色——这种作用在今天的资本主义民主国家中仍然很常见。

国家行为常常成为批判与反思的对象,相对于高贵的统治者和贵族,普通平民的利益也更明确地表达出来。政治公共空间成为国家权威的重要对立面,直截了当地挑战不合理的特权和政治压迫。其实现方式是通过讨论形成和传播“舆论”,最终挑战封建国家,导致民主制度的形成。为了组织讨论并使之专业化,政治新闻业在十九世纪逐步发展成一个专业行当。公共生活的中心不再是贵族宫廷,而是位于封建王宫对面的“城镇”,在那里发展出独立自觉的资产阶级生活(Habermas,1989a,30)。

十八世纪的公共空间既是社会分化的产物,也是社会分化的推动力。之所以称之为“资产阶级” 16
(bourgeois),是因为它与资产阶级社会的兴起有着千丝万缕的联系。在资产阶级社会中,土地和金钱所有者在政体中占据主导地位,并把原来占统治地位的贵族推到一边。欧洲资产阶级社会发端于十八、十九世纪,在英国和法国比在德国要早一些,因为德国有几十个或多或少独立的小公国，大大减缓了它的转型速度。资产阶级社会的特点是人们在其中扮演三种不同的角色（跟英语和德语相比，法语对这些角色作了更明确的区分）：**资产阶级**（bourgenois）在商品和劳动力市场上追逐个人利益；**公民**（citoyen）通过形成和表达意见以及（通过抗议、请愿、投票等方式）参与政治来决定自己的命运；人（homme），即“私人”，处在妻子、孩子、亲戚和朋友间的个人关系网络当中。在这里使用男性代词并暗指异性伴侣关系绝非偶然，我们稍后再谈资产阶级公共空间的性别特征。

公共空间的兴衰：哈贝马斯如何立论

在《公共领域的结构转型》一书中，哈贝马斯用了七大部分二十五章的篇幅来展开其论证。第一部分由三章组成，阐述了哈贝马斯对资产阶级公共空间的基本认识，并描述了资产阶级公共空间从早期封建社会“代表型公共性”（representative publicness）中获得解放的情况。代表型公共性指的是封建统治者“在观众面前展示其内在的精神力量或尊严”（Habermas，
17 1989a，xv 的“译者注”）。按照哈贝马斯的说法，这种公共展示方式被“批判公共性”（critical publicity）所取代，后者成为资产阶级公共空间面向国家发声的主导模式。

有了这个基本观念，哈贝马斯随之对在历史和理论层面体现资产阶级公共空间特征的三大主题展开论述：公共空间的社会结构（第二部分），公共空间的政治功能（第三部分），以及描绘并正当化资产阶级公共空间的观念和意识形态（第四部分）。如表 1.1 所示，哈贝马斯所说的“社会结构”是指物质生产和文化产品生产——包括新兴媒介系统——的组织方式。“政治功能”则捕捉了文学和政治公共空间中的讨论相对于国家权威及其发布的政策所构成的竞争关系。在“观念与意识形态”部分，哈贝马斯讨论了十八、十九世纪的哲学史，尤其是公共讨论和形成舆论的目的，这套哲学观念与公共空间本身的兴起同步演进。

哈贝马斯在该书第五至第七部分中描述了十九世纪末到二十世纪资产阶级公共空间的衰退或消亡。为此，他使用了与前期完全相同的三个论证角度。他首先分析了公共空间的社会结构转型（第五部分），并发现通过建立凌驾于议事公民之上的强大的商业协会和政党，公共权威和私人生活这两个曾经分离的领域相互渗透。在第六部分，哈贝马斯描述了公共空间 *18*
的政治功能从批判公共性向“制造的公共性”（manufactured publicity）的转变，其目的在于确保大众的忠诚，而不是催生批判性的、自下而上式的讨论。最后，在第七部分，他对推动公共空间转型的意识形态作出反思。他指出，原本基于讨论的舆论概念遭遇了新兴的民意调查实践，后者堪称对前者的“社会心理清偿”。

尽管该书主题复杂、言语晦涩，但哈贝马斯使用平行、三重的组织方式讲述资产阶级公共空间的兴衰故事，这无疑增强了该书的连贯性和清晰度。不过，请注意，“公共空间”一词在全书中是在历史—经验和批判—规范的双重意义上使用的。从历史角度看，哈贝马斯认为公共空间的演变是一个衰退过程。但在规范性层面，他强调，包容、理性和未被扭曲地讨论这种理想最初与咖啡馆和报刊中出现的资产阶级公共传播形式联系在一起，时至今日，这一批判理想仍然具有及时性和必要性（见 Fraser，2009）。

早期资产阶级公共空间的媒体

什么样的媒体支撑着早期的资产阶级公共空间？哈贝马斯提到了不同类型的报刊。其一，十八世纪出现了专门致力于艺术和文化批评的杂志，作为论坛供饱学之士（偶尔也包括妇女）讨论时下的哲学、文学和艺术。根据哈贝马斯（1989a，42）的说法，这些杂志充当了催化剂，
19 受过教育的市民阶层借此认识到自己作为开明公众的共性和历史使命。由于人们开始阅读相同的报刊并讨论不同地区的类似问题和趋势，小型的地方性辩论圈子和非正式会话开始跨越地区连接起来。就这样，资产阶级公众浮现出来。

除了文化批评杂志外，哈贝马斯还指出“道德周刊”

的重要性,这些周刊讨论的是礼仪和道德问题:"慈善活动和贫民学校,改善教育,呼吁文明的行为方式,批判赌博的恶习,反对狂热和迂腐,反对无趣的美学家和爱钻牛角尖的学者"(Habermas,1989a,43)。这些周刊"致力于倡导宽容,努力将市民道德从道德神学中解放出来,将生存智慧从经院哲学中解放出来。阅读和辩论这类事物的公众,阅读和辩论的正是他们自己。"(p. 43)。

阅读和辩论构成了同一个过程:

> 报刊文章不仅成为咖啡馆成员讨论的对象,而且被视为这种讨论的有机组成部分;雪片般飞来的读者来信是最好的证明,编辑每周都要从中选择一些来发表。当《旁观者》和《卫报》(分别于1711年和1713年创刊的两份英国报刊)分家时,还专门为读者来信发明了一种特殊的机制:在布顿咖啡馆西侧装有一个狮子头,读者可以把信从它的嘴里投进。许多文章都采用了对话形式,彰显出它们与口语的接近性。同样的讨论换一种媒介继续进行,以便通过阅读重新进入原来的对话媒介当中。(Habermas,1989a,42)

哈贝马斯在这段话中生动地说明了公众到底是如何 20
通过思想交流而产生的,以及这种形成是如何在很早以前就被中介化的。当时所涉及的媒体都是印刷报刊,特别是读者来信,整个过程紧密结合了中介化和面对面的交流。通过专业传播者与其受众之间的互动交流形成公众,这和当下在博客或在线评论区看到的一些过程并无二致。它标志着公共空间运行中的一个基本构成要素,也启发了许多当代传播研究者将在线讨论视为公共空间(详见第五章)。

公共空间的消亡

哈贝马斯描述了资产阶级公共空间的发展,包括从十八世纪末十九世纪初的鼎盛时期瓦解为十九世纪末和二十世纪期间的"制造公共性"的过程。哈贝马斯在论述中提出这一大胆论断,基本上是基于他对早期资产阶级公共空间的强烈理想化,以及理想和现实的并置,这里所说的现实,就是他在写作该书的"当时当地"——也就是二十世纪五十年代末六十年代初的战后德国——所见所闻的存在严重缺陷的现实。有趣的是,在他的论述中,我们今天所知的传播行业的关键要素——大众传媒、公共关系和广告业,以及民意调查——恰恰被视为批判公共性**衰败**的征兆,而这种公共性正是早期资产阶级公共空间的标志。这怎么可能呢?

十九世纪上半叶,由个体撰稿人兼任出版商的旧式
21 新闻业日益被两种新的出版形式所取代:一种是面向广大公众的商业报纸,它们没有明确的政治立场;另一种是政党报刊,它们成为政治组织的喉舌。无论是哪种形式,编辑都受雇于人,而非个体经营,而且越发受制于各类指令,而不能自主决策(Habermas,1989a,186)。商业报纸

以广告作为经济来源，因此它实则在同时出售两种商品：将广告版面卖给商家，将登满广告的新闻和评论版面卖给读者（Habermas 引 Bücher，1989a，184）。“由于公共空间在某种程度上被用来做商业广告，作为私有财产所有者的私人（the bourgeois，前文所定义的资产阶级）也就对作为公众的私人（the citoyens）产生了直接的影响”（Habermas，1989a，189）。在哈贝马斯看来，这种做法将商品和服务的生产者与消费者的特殊利益注入公共传播领域，污染了公民之间带有批判性和自我赋权色彩的讨论，进而分散了参与者的注意力，令其不再关注对所有人来说都很重要的议题。

但是，批判性公共空间不仅因为它与广告等私人经济活动的结合而受到污染，根据哈贝马斯的判断，政治公共关系也造成了类似的后果。政治组织及其代表对公共讨论的规避，从根本上改变了整个公共传播过程的性质。 22
公共空间被“再封建化”，因为公共传播不再由公众成员的互动所造就，而是在观众面前被表演出来。

> 个人代表权威的灵光再度出现，成为宣传或曝光的一方面。就此而言，现代宣传或公共性与封建公共性确有几分相似。公共关系真正关心的实际上并不是舆论，而是声望。公共空间变成了一座宫廷，在它**面前**，公共声望得到展示；在其**内部**，却不存在批判性的讨论。（Habermas，1989a，200f）。

在这里，哈贝马斯把经由活跃的公民间讨论所产生的真正的舆论和“体现为声望的意见”并置，后者包含对公众人物及其行动计划的赞成或反对，这些意见都是由自上而下的公关活动制造出来，而不是通过自下而上的讨论产生的。这些制造出来的意见之所以被贴上“非公共”的标签，正是因为它们并非产生自任何公共讨论的过程。因此，哈贝马斯提出，致使资产阶级公共空间消亡的最后一个因素关乎二十世纪民意测验的兴起。民意测验记录的是非公共意见，也就是说，它们收集的是人们的想法，而不管人们有没有就这些想法进行过讨论。同时，民意调查只关心调查机构感兴趣的问题，而不管这些问题是否反映了公众的实际关切。在哈贝马斯看来，民调结果对政治决策者施加影响，这曾经理应是由批判性讨论的结果来完成的(Habermas，1989a，220)。通过民意调查记录现有的非公共意见成为一种常规做法，它相当于
23 对早前更苛刻的、基于讨论的舆论概念的“社会心理清偿”(Habermas，1989a，236)。

因此，在哈贝马斯的论述中，公共空间的消亡与现代传播业的兴起密切相关，尤其是与该行业跟基于理性—批判性讨论的公共空间的规范概念脱节有关。哈贝马斯总结道，在制造的公共性这一新的领域中，公民不再是传播的创造者，而仅仅是传播的对象，只是被策略性地用于确保大众忠诚与大众消费。

不过，在《关于公共领域的进一步思考》一文中，哈贝马斯(1992)对公共领域衰落的悲观论述做了重要的修正。

> 总之，我对于公众从政治活跃到私密退隐，“从文化讨论型到文化消费型”的单向演进论过于简单了。当时，我对多元且内部高度分化的大众的抵抗力和批判潜力过于悲观，因为其文化消费已经开始摆脱阶级的束缚。连同高雅文化和通俗文化之间分野的模棱两可的松动，以及“文化与政治间新的‘暧昧的’亲密关系”，其复杂性远不止以娱乐吸纳信息，评价标准本身也已发生了变化。(Habermas，1992，438f.)

哈贝马斯如今认可斯图亚特·霍尔(Stuart Hall，1980)的三种接受模式，即肯定、批判和协商模式，这三种模式让人们看到抵抗制造公共性的可能性，而后者依然是哈贝马斯所忌惮的。这也意味着，大众媒体中介的公
共传播竞技场，现在已成为自下而上的公共讨论和自上 24
而下的说服之间的战场。哈贝马斯此举也将第一代法兰克福学派深刻的悲观主义抛至身后，这种悲观主义生动地体现在阿多诺和霍克海默合著的《启蒙辩证法》(*Dialectic of enlightenment*，Adorno and Horkheimer，2002；原版于 1947 年以德文出版)关于“文化工业”的那一章中，其观点是，标准化的文化产品会导致消极被动以及不加批判地接受统治。到二十世纪九十年代初，哈贝马斯在这些问题上的判断已经不像 30 年前那样笃定。但他对自由独立的、自下而上式公共讨论的规范性偏好仍旧保持未变。这显然促使他在二十世纪九十年代开始

全面思考“商议”民主的意义(Habermas,1996),以及如何构想一个足以适合当今复杂社会的公共空间(见第三章)。

富白男的公共空间？社会排斥及其批评者

哈贝马斯关于消亡叙事的阴郁基调,只是对原始资产阶级公共空间过于美好的呈现的反面。因此他关于资产阶级公共空间的理想化观念也遭到了其他学者的严厉批评。一些批评者指出他忽视了非资产阶级公共空间:自欧洲工业革命以来,平民或无产阶级公共空间在工作场所发展起来,并渗透到公共传播当中(Negt and Kluge,1972)。另一些人则强调,资产阶级早期阶段,女性被禁锢在私人领域,这贬低了平等个体之间所谓的理性讨论(Fraser,1992)。很明显,在十八和十九世纪新兴的资产
25 阶级公共空间中,资产阶级的解放是以妇女和穷人被排除在同一公共空间之外为代价的。哈贝马斯将其理想建立在这种对资产阶级男性的**排他性解放**的基础上,这理所当然引发了批评。

哈贝马斯对他论述的这一缺陷有一定的认识。他在为1962年出版的《公共领域的结构转型》初版(德文)作序时,已经对其分析范围表示保留意见。

> 本书的研究范围局限于**自由主义**模式的资产阶级公共空间的结构和功能,及其出现和转型。因此,本书关注的是这一获得支配地位的

> 历史形态的主要特征，而忽略了历史发展过程中在某种意义上遭到压制的**平民**公共空间……无论是在宪章运动中，还是在欧洲大陆无政府主义传统的工人运动中，这种**平民**公共空间都一直作为一股潜流存在。只不过，即便是平民公共空间，也都围绕着资产阶级公共空间的意图打转……正因为此，它和存在于高度发达工业社会的权威政权中的整齐划一的公共空间有着根本的不同。(Habermas,1989a,xviii)[①]

这段引述最初写于二战后的德国，他把对新兴资本主义制度的激进式反抗(平民公共空间)与受限的公共性区分开来。对于后者来说，哈贝马斯的分析确实提供了必要的批判优势。因此，也难怪许多东欧的观察家很看重他的《公共领域的结构转型》，认为这本书有助于理解冷战结束后东欧社会的转型。但至于前者，历史上对平民公共空间的限制，以及后来哈贝马斯对其作出的理论压制，都使得这本1962年的著作以毫无依据和不必要的方式理想化了资产阶级公共空间。 26

在《关于公共领域的进一步思考》(Habermas,1992)中，哈贝马斯区分了两种形式的社会排斥，以此来回应批评者。一种不太严重的排斥形式与社会群体有关，特别是和工人阶级有关，他们的利益和关切被资产阶级公共

---

① 原文中的"... distinguished form"系作者笔误，应为"... distinguished from"，表示平民公共空间"有别于"工业社会中作为独裁政权标志的整齐划一的公共空间。——译者注

空间的倡导者推至一边。但平民和无产阶级的公共表达形式从一开始就与资产阶级公共空间并存并交织在一起(Habermas,1992,426)。因此,这种形式的社会排斥可以在资产阶级公共空间的范围内得到纠正。在十九世纪和二十世纪,工人运动部分地发展了自我认同与反思的自主领域,同时在一定程度上渗透到占主导地位的资产阶级公共讨论当中,从而成为政治公共空间民主论争中不可或缺并充满活力的一部分。

第二种更根本的社会排斥形式与妇女有关。二十世纪九十年代初,哈贝马斯承认,对妇女的排斥是资产阶级公共空间特征的**构成要素**。女性被限制在“婚姻家庭的内部空间”(见表1.1),这一空间被公共空间的讨论排除在外,并被建构为公共讨论的“他者”。哈贝马斯(1992,
27 429)认为,原有资产阶级公共空间对女性的生活世界、经验和利益的排斥,只有通过转变资产阶级公共空间的特征才能得到纠正。只有破除公共空间和私人领域之间的人为分隔,并在更具包容性的公共讨论中纳入以前的“私人”事务(如限制妇女从事无偿劳动;家庭暴力;性剥削等),妇女才能获得解放(Fraser,1992)。但哈贝马斯强调,资产阶级公共空间确实表现出女性自我变革的潜力:资产阶级公共空间话语的普遍性前提总是可以指向这些话语本身,这恰恰是因为它们是以普遍性语汇来表达的。从二十世纪六十年代开始,资产阶级公共空间被迫进行自我改造,承认以前被作为私人事务排除在公共空间之外的内容,现在已成为可以公开讨论的公共事务。

当然,直到今天,社会排斥仍然是大多数公共话语中不可否认的事实。一些社会行动者由于没有足够的资源而无法参与公共讨论，其原因既可能是他们没有足够的时间，也可能是缺少金钱或文化能力。事实上，公共商议往往是高度分层的（Peters，2008e）。社会排斥缩小了公共讨论中可能存在的观点范围，从而阻碍了真正包容的公共交流。哈贝马斯在其写作中承认了社会排斥的存在，及其给理性批判的民主讨论带来的问题。哈贝马斯及其“批评者”之间的主要分歧在于，导致社会排斥的权力结构是否“一直在那儿”，不可避免、无时不在，还是如哈贝马斯所认为的那样，排斥可以通过自我转变加以纠正，以便更接近理想的公共讨论。哈贝马斯认为，在公共空间的历史上，女性、工人、少数族裔或移民群体、非主流性取向 *28*
人士的相继纳入都是历史性的成就，从长远来看改善了条件，有助于有意义和包容的公共讨论。对于进一步开放讨论的尝试，比如将欧洲和全球边缘国家的声音纳入中心的公共讨论，他当然也表示支持。因此，考虑到哈贝马斯所做的修正和反驳及其论点的主旨，从社会包容角度出发的批评在他如今的作品中其实已经找不到着力点了。

结　语

回顾哈贝马斯早期的公共空间理论（1962）及其相关著作在 1989 年英译本出版后产生的国际反响，有两个问题尤其值得关注。一是哈贝马斯对二十世纪媒体在公共讨论中的角色描绘得过于悲观；二是他对十九世纪咖啡馆和沙龙中公民之间的公共交流过于乐观。

首先，我们已经看到，就其所设想的公共讨论的批判理性而言，哈贝马斯对他那个时代的大众媒体——尤其是报纸和广播，而电视在他写作时才刚刚作为一种大众媒体出现——评价并不高。在他看来，这些媒体是公共空间“再封建化”的代理人，自上而下地操纵着代表型公共性。它们似乎扼杀了公民之间以及公民与经济和政治掌权者之间的批判性互动。如前所述，哈贝马斯本人已部分地收起这种悲观主义。但这也引发了一系列经验研
29 究计划，它们感兴趣的问题是，如果我们以哈贝马斯的批判性理念为衡量标准，到底该如何看待各种类型的大众和网络媒体扮演的角色。我们将在第五章和第六章中详细考察这些研究。

第二个问题涉及哈贝马斯对新兴资产阶级公共空间过于乐观的描述。这种理想化的观点实则建立在或多或少不加批判地接受在十八和十九世纪的公共讨论中资产阶级解放的排他性这一基础上。因此，哈贝马斯赋予资产阶级公共空间某种批判理性，这种批判理性在历史上未必总是存在；即便它在某种程度上确实存在过，其实现也以其他从属群体沦为隐形和缄默为代价。这是否意味着，我们必须完全抛弃批判理性这一概念，才能公正维护这些从属群体的权利？还是说，这些群体可以以某种方式被纳入公共空间，并坚持批判理性的原则？这些尖锐的问题导致公共空间理论的两点创新以及哈贝马斯本人对该领域的贡献。其一是“反公众”(counterpublics)的概念，在后来出版的《在事实与规范之间》(1996，372)一书中，哈贝马斯也承认，公共空间并非铁板一块，而是由不

同公众组成的网络。在第三章讨论这本书时，我会回到这一点；我也将在第七章更详细地讨论反公众的问题。其二则反映出哈贝马斯对于无须诉诸特定群体——即资产阶级——或特定历史时期便可澄清人类生活和社会中的理性来源的兴趣。我们将在下一章回顾这种对沟通理性一般性理论的尝试。

推荐阅读 30

Fraser, N. (1992) "Rethinking the public sphere: A contribution to the critique of actually existing democracy." In: Calhoun, C. (ed.) *Habermas and the public sphere*. MIT Press, Cambridge, MA, pp. 109-42.

Habermas, J. (1992) "Further reflections on the public sphere." In: Calhoun, C. (ed.) *Habermas and the public sphere*. MIT Press, Cambridge, MA, pp. 421-61.

Peters, B. (2008e) "The meaning of the public sphere." In: Wessler, H. (ed.) *Public deliberation and public culture: The writings of Bernhard Peters, 1993-2005*. Palgrave Macmillan, London, pp. 33-67.

第二章 培育沟通行动

在早期著作《公共领域的结构转型》中，哈贝马斯探讨了十八世纪和十九世纪初的咖啡馆和报刊中的观点交流，但他还无法确切说明这类交流的理性化力量源自何处。理性究竟是如何进入人类生活和社会的？在哈贝马斯的代表作《沟通行动理论》①一书中，哈贝马斯（1984；1987b）试图从根本上澄清这一问题。通过这样做，他也为其对传播与媒体的思考奠定了新的理论基础。尽管在这部两卷本的著作中，哈贝马斯对媒体着墨不多，但书中所发展的基本理论原则直接关系到他如何看待媒体。

① *The Theory of Communicative Action* 已在中文学术界出现多种译法。例如，曹卫东将其译为"交往行为理论"，洪佩郁等的译法是"交往行动理论"。张志斌译道格拉斯·凯尔纳与斯蒂文·贝斯特的《后现代理论》也是把它翻译为"交往行动理论"。黎民等参照杨善华编的《当代西方社会学理论》，在其所编的《西方社会学理论》中将其译为"沟通行动理论"。译者认为，在哈贝马斯所区分的四种行动类型中，communicative action 强调相互理解以达成共识，"沟通"比"交往"更能体现此类行动与其他三种行动类型的本质区别，更符合哈贝马斯的本意。故而，译者在本书中采用"沟通行动理论"的译法。——译者注

沟通行动理论化：哈贝马斯如何立论

《沟通行动理论》包括上下两卷（Habermas，1984；1987b）。在两卷本中，哈贝马斯发展出广泛论 32
证，以回应从十八世纪至二十世纪思想史上众多重要的社会科学家和哲学家。这些重要的同行和灵感来源包括伊曼纽尔·康德（Immanuel Kant）、卡尔·马克思（Karl Marx）、埃米尔·涂尔干（Emile Durkheim）、马克斯·韦伯（Max Weber）、乔治·赫伯特·米德（George Herbert Mead）、塔尔科特·帕森斯（Talcott Parsons）、约翰·奥斯汀（John Austin）和卡尔·波普尔（Karl Popper）等。然而，在对先驱和论敌的深入考察中，穿插着两章题为“中间反思”的长篇讨论。这两章以一种更加独立和凝练的方式整合了哈贝马斯的主要论点。在第一卷的《中间反思：社会行动，目的性活动与沟通》一章（第一卷，第三章，pp. 273-337），哈贝马斯发展出他的人类行动理论，并将其沟通行动概念与其他形式的人类行动——特别是策略行动——并置起来。

在第二卷的《中间反思：系统和生活世界》一章（第二卷，第六章，pp.113-97），哈贝马斯对整体意义上的社会展开理论化，并在生活世界和系统之间作出区分。媒体最初被构想为生活世界的一部分，在这里，人们通过参与沟通行动来理解自己的生活和所处的世界。但在哈贝马斯看来，生活世界面临着被经济和政治系统的指令所殖民的危险，媒体也很容易变成掌握经济和政治权力者手中的工具。

除了这两章“中间反思”外，《沟通行动理论》中的其他一些段落也特别重要。第一章第三节(Habermas,1984,75-101)“四种社会学行动概念中行
33 动与世界的关系及理性层面”，参照人类行动的其他三个概念(即目的行动、规范行动和戏剧行动)，发展出沟通行动概念，从而为哈贝马斯的理论奠定了基础。在第二卷的最后一章《社会批判理论的任务》内非常简短的第三节“大众传媒和大众文化”(Habermas,1987b,389-91)中，哈贝马斯借用在他写作时(二十世纪七十年代后期)传播和文化研究中的最新观点，修正了他有关大众传媒操纵性的早期论断。

沟通行动:对人类活动的理论化

在《沟通行动理论》第一卷中，哈贝马斯从个体层面的人类行动这一微观视角出发，来回答理性化问题。在这个阶段，他既不关注诸如新闻工作者、政客或公众等社会形态或群体，也不研究公共和私人领域或者市民社会和国家机构这样的社会领域。在第二卷中，他才开始研究这些中观和宏观现象。在最初的论述中，人类行动才

是他的研究对象。为了澄清理性的基础，哈贝马斯问道：人与人之间如何才能达成一致？在根本意义上，他需要三个论证步骤来回答这个问题。

步骤一：哈贝马斯区分了理性驱动的共识和其他形式的共识。有些人可能只是由于被迫而赞同别人，因为如果他不这样做，就会导致负面的后果。又或者，有些人可能仅仅出于默许而同意别人所说的话，而根本没有实际检验所说内容的价值。然而，理性驱动的共识则不同。 *34*
当我们在理性的基础上与某人达成一致时，我们会主动而自觉地接受对方提出的沟通提议（Habermas，1984，302）。但是，当我们以理性的方式与他人达成一致时，我们所接受的，究竟是什么呢？

步骤二：哈贝马斯认为，我们所接受的正是对方在交谈时暗暗作出的三项不同的有效性宣称：其一，他们所说的是真的；其二，谈话内容符合普遍接受的社会规范；其三，他们的言辞反映了自己的真实意图。换言之，对方已作出沟通的有效性宣称，即表达真实，（道德）正确，真诚或诚实（Habermas，1984，307）。通过以理性驱动的方式与对方达成共识，也就意味着我们接受了这些有效性宣称，也就是说，我们预设，如果非要对谈话内容加以检验，对方能拿得出令人信服的理由来说明我们为什么应该相信他们。我们不必时刻证明这三项有效性宣称——否则，对话根本无法顺畅地展开。相反，我们假设在必要时，它们可以被兑现。但在我们与他人沟通时，为什么会作出并接受这些宣称，而非其他宣称呢？

步骤三：这三项有效性宣称并不是武断的发明，也并非从天而降。哈贝马斯认为，它们与我们人类生活其中的三个世界有关：

> 1. 客观世界（所有实体的总体，围绕它们，我们可以作出真实的陈述）；
>
> 2. 社会世界（所有正当规范的人际关系的总体）；
>
> 3. 主观世界（只有言说者才能够触及的经验的总体）。（Habermas，1984，100）

35 当我们言说的时候，我们同时与这三个世界发生关联，并作出与之相关的有效性宣称：我们针对客观世界提出真实性宣称，针对言说镶嵌其间的社会关系提出道德正确性的宣称，针对我们的内心世界，提出真诚或诚实性宣称。

通过这三个步骤，我们现在了解了何为以理性驱动的方式与某人达成共识，或者换句话说，何为达成理解。沟通行动是“旨在达成理解之行动”，因此它与策略行动，即“旨在获得成功之行动”截然相反（Habermas，1984，286）（见表2.1）。在以成功为导向的行动中，我们试图让他人向我们靠拢，而不需要他们经由理性驱动的共识。我们既可以公开这么做，也可以隐蔽行事。在公开的策略行动中，我们有两种选择：要么威胁其他人遵从我们的意图，要么提供奖励措施。无论哪种方式，我们都无意也不必与他人达成理性的共识。威胁和奖励是众所周知的谈判手段。

表 2.1 沟通与共识的类型(改编自 Burkart and Lang 2007,47) 36

沟通的类型		行动协调机制	达成的共识类型
1. 旨在理解的沟通		共同的阐释	理性驱动的共识
2.策略沟通	2a.公开的策略沟通	2ai.威胁	胁迫性共识
		2aii.奖励	买来的共识
	2b.隐蔽的策略沟通	2bi.有意识的欺骗(=操纵)	秘密共识
		2bii. 无意识的欺骗(=系统扭曲的沟通)	虚幻共识

隐蔽的策略沟通则更为复杂一些。“在隐蔽的策略 37
行动中,至少有一方的行为以成功为导向,却让其他人都相信沟通行动的所有前提都得到了满足”(Habermas,1984,332)。如果交流的一方有意就自己的策略意图误导他人,他实则在操纵这些人。一旦操纵行为暴露,由此产生的秘密共识便会破裂。在第二种隐蔽的策略行动中,交流中的一方甚至会自欺欺人地认为,自己是在以达成理解为目标,但实际上,他已经转向了谋求成功。这种类型的自我欺骗可能基于神经质(例如,言说者没有意识到自己对压抑的冲突具有防御机制),也可能基于对反方论点免疫的意识形态立场(例如,言说者将自己相对于次级群体的主导地位合理化为自然的,并使用掩盖主导关系的语言,如美国语境下“无肤色歧视的交谈”(colorblind talk)[①];

① “colorblind talk”指在公共讨论和日常交谈中忽略或有意回避种族间差异的问题,认为这样可以促进一视同仁与和谐的族群关系。——译者注

Huspek，2007b，362）。在这两种情况下，沟通都被系统地扭曲，由此产生的共识是基于一种相互理解的错觉（Habermas，1984，332 脚注；另见 Burkart and Lang，2007，46）。

从对不同沟通类型的描述中可以清楚地看出，沟通行动以通过理性驱动的共识达成理解为导向，是规范上最理想的沟通形式。

从个体沟通到话语类型

沟通行动并非只发生在两个人之间。虽然一对一交流是所有沟通的原型，但哈贝马斯的沟通行动概念已经暗示了更大的社会形态。首先，沟通行动可以协调行动链和行动网中的个体行动。行动协调是每种社会形态和每个社会都必须解决的基本问题。如前所述，旨在达成理解的沟通意味着要预设言说者作出的有效性宣称可以在必要时被兑现。通过这种预设，受话者的行动便和言说者的行动捆绑在一起。受话者要么接受真实性、正确性和真诚性等有效性宣称，要么对其中的一项或多项宣称提出质疑。在第一种情况下，沟通行动链可以随着受话者发起的往复的言语行为（speech act）而继续；在第二
38 种情况下，受话者通过运用特定的话语类型挑战有效性宣称。无论是在哪种情况下，都会出现一个协作性的阐释过程，行动者通过这个过程协调其行动（Habermas，1984，151）。此外，在相互理解的过程中，行动者形成一种与世界之间的反身性关系，即他们清楚地知道，其言论

的有效性可能受到质疑，别人可能会要求他们对之作出证明（Habermas，1984，148）。

在沟通行动过程中，如果受话者对一项或多项有效性宣称存疑，言说者可能会做出两种反应，一是简单修补，二是话语。为了引出**简单的修补**，受话者可能会问这样一些问题："真的像你所说的那样吗？"（真实性）"你能这么干吗？"（正确性）或者"你骗我呢吧，还是说也在骗你自己？"（诚实性）言说者可以采用简单的修补措施来回应：对于真实性宣称，他可以做出断言和解释；对于正确性宣称，他可以为自己行动的正当性做出辩解。但如果对方挑战他的真诚性或诚实性宣称，光靠简单修补根本无济于事。与真实性和正确性不同，对真诚性或诚实性的宣称不能由诚意受到质疑的人解决，而只能由第三方来解决（Habermas，1989b，111）。因此，在对诚意产生怀疑的情况下，受话者最好求助于他人而不是言说者，以重获确定性——或者观望，看看从长远来看，言说者的行动后果是否符合他所宣称的内容（Habermas，1984，41）。

但是，如果即使经过简单的修补，受话者仍然不接受他认为有问题的有效性宣称，他可以要求言说者将此前预设的道理讲清楚，以此重获有效性。那些明确为了推动或驳斥这些道理的论证交流便是**话语**（discourses）。言说者用来解决围绕真实性宣称的争议的话语被称为"理论话语"， 39
论证正确性宣称的话语被称为"实践话语"（Habermas，1984，19）。再者，针对围绕真诚性宣称的争议，言说者的辩护起不了作用，对话双方之间的话语同样无济于事。

媒体内容充斥着理论和实践话语。以全球气候变化的人为本质这套理论话语为例。传统观点认为，气候变化仅仅是由自然过程造成的。这套解释受到当今压倒性科学共识的强烈挑战。后者认为，通过工业化和燃烧化石燃料，人类活动极大地助推了过去几个世纪中平均气温的飙升。请注意，对于真实性要求的质疑和解决应基于现有事实，而不是根据美国语境中所谓的“感实性”(truthiness)，即认为某事“感觉是真的”。充满“感实性”的公开辩论与理论话语是对立的。因此，因为气候变化“感觉不够真实”，或因为有人说它是“骗局”就否认其人为本质，而不是运用公认的科学知识来做出判断，并不构成理论话语，因此也无法构成旨在达成理解的沟通。

关于是否应该允许堕胎的辩论则落入实践话语的范畴(见 Ferree et al.,2002)。堕胎是否正当，如果是，为什么？反过来说，为什么限制女性决定自己身体的权利是正当的？在就这些问题交换意见的过程中，言说者很可能会提出下面这些限定条件：“是的，如果女性愿意，可以堕胎，但只能在怀孕 12 周以内。”或者：“不，通常不可以，
40 但在特殊情况下，女性可以在医生或宗教权威的许可下堕胎。”实践话语往往很困难。这个例子表明，实践话语可能牵涉到人们持有极大分歧的问题，甚至可能涉及矛盾的价值观，而这些价值观对大多数话语参与者来说都有巨大的优点与合理性。在文化异质的社会中——事实上，大多数社会在全球化条件下都是异质的——大多数实践话语不会以共识而告终，而仍旧悬而未决。正因为如此，在哈贝马斯看来，这些讨论就愈发不应该掺杂胁迫、无知和欺骗，即不带入策略行动的常规要素。

为了确定理论和实践话语所需的沟通方式，哈贝马斯在1972年发表的一篇关于真实性理论的德语论文中，曾以**思维实验**(thought experiment)的方式发展出“理想的言语情境”(ideal speech situations)概念。理想的言语情境剥离了任何外部和内部的压力和约束。外部制约因素包括缺乏知识和时间，以及使用恐吓和欺骗手段。内部约束则指对发言机会的剥夺，这种机会在所有参与者之间应该是平等的。哈贝马斯认为，如果所有这些外部和内部约束都不存在，话语参与者“不会动用任何强力，只会以理服人”(Habermas,1975,108;1989b,116)。

在理想的言语情境中，强有力的论证不带有任何强制力，却是最强大的力量。人们常常不假思索地将理想言语情境和哈贝马斯联系起来。具有讽刺意味的是，哈贝马斯本人在1972年以后再也没有使用过这一说法。此外，理想的言语情境从不是要在现实生活中落实的**模型**(见Habermas,1996,322)，而只是概括了言说者在严肃辩论时必须做出的必要的语用预设。这些预设提供了一种**调节性理念**(regulative idea)，它促使我们所有人在 41
讨论时向理想的方向靠拢——尽管我们都知道自己无法完全达到理想的要求。区分理想模型和基于不可避免的预设的调节性理念很重要，因为在不太理想的条件下，调节性理念可以对言说者的行为产生刺激性影响，因此对于分析现实世界的讨论情境更有价值。

生活世界和系统:对社会总体的理论化

但这一切与媒体和中介化的公共领域有什么关系

呢？为了说明有效性宣称及话语与政治、媒体等宏观制度的关联，哈贝马斯在其《沟通行动理论》(Habermas, 1987b)第二卷中展开了两项全面的论证。他首先问道：人们在提出道德正确性的有效性宣称时所援引的、在实践话语中受到争议的那些规范从何而来？我们在提出真实性宣称时认为理所当然的关于客观世界的预设又是从何而来？人们要想参与旨在达成理解的沟通，就必须获得关乎世界的规范和知识，它们构成了沟通的资源。因此，沟通行动预设并且再生产出一个超个体的语境，人们可以从中汲取这些资源。这个语境就是哈贝马斯所说的“生活世界”，我们有必要理解这个术语的含义。

在第二个论证步骤中，哈贝马斯将“生活世界”与“系统”并置。哈贝马斯关心的，主要是行政权力系统，即政
42 治系统和经济系统。系统是社会的宏观结构，其运转和长期再生产都无须依赖沟通行动。政治与经济系统两者均由无规范的功能性指令(functional imperatives)驱动再生产，并由象征性的通用操舵媒介(steering media)所引导。这些操舵媒介与目前为止我们所讨论的大众和人际传播媒体无关。相反，它们是政治或经济系统中协调行动的手段，由此展开的协调行动**无须**借助语言，甚至不需要相互理解。政治由权力来控制，经济则靠金钱，也就是靠货币激励来引导。以金钱为例。它提供了一个共同的参照点，确保买卖行动的可通约性，由此将商品卖方和买方的行动联系起来，政治也是如此。政治中的所有行动主要关乎获得或巩固权力，关乎谁组成政府和谁是反对派，关乎谁赢得选举、议会投票或公投。政治世界中的

所有行动都可以从权力分配的角度加以评估，这些行动因而也就可以相互协调（Habermas，1987b，274）。

从本质上说，哈贝马斯从两种不同但互补的视角对社会加以理论化。从“行动主体的视角”来看，社会可以被视为“**社会群体的生活世界**。与此相反，从未卷入其中的观察者的角度来看，社会只能被视为一个**行动系统**，其中的每一项行动都有特定功能，都参与到系统维持的过程中”（Habermas，1987b，117）。所谓生活世界和系统，并不仅仅是社会世界中不同的“事物”。相反，它们只有从不同的视角看才变得可见，其中，生活世界体现的是参与者的视角，而系统反映的则是观察者的视角。

遵循参与者的视角意味着生活世界总是表现为**某个人的生活世界**，某个具体的历史集体的生活世界。它是 43
这个集体的成员在其行动中视为理所当然和预设的世界。在具体情况下，这一毋庸置疑的背景的一部分被凸显出来，界定为“由相互理解的实际需要和实际行动选择所构成的场域”（Habermas，1987b，123）。因此，一个具体集体的生活世界既构成了沟通行动的**情境**，又提供了可以在各种情况下调用的**资源**。

实际上，哈贝马斯区分了三种由生活世界所提供的资源：(1)文化知识库；(2)相关集体的价值观和规范；(3)在社会化和学习过程中习得的个人能力。这三类资源实际上可以被视为生活世界的三个结构性组成部分，即文化、社会和个性。

我将**文化**视为知识的存储库，从事沟通行

> 动的人从中汲取可能产生共识的解释，以此理解世界上的事物。我将**社会**（在狭义的作为生活世界的组成部分的意义上）视为正当的秩序，从事沟通行动的人从中凝聚基于群体归属的团结，以此建立彼此之间的人际关系。**个性**则指后天习得的能力，它让主体有能力言说和行动，从而能够在特定的情境中参与相互理解的过程，并在不断变化的互动情境中保持自己的身份认同。（Habermas，1987a，343）

表 2.2 总结了这三个结构性组成部分。值得注意的是，哈贝马斯将文化和政治公共空间置于集体生活世界
45 的中心。它们构成了核心的社会空间，在这里，文化传统和公共善的观念可以得到探究、维护和发展。关键是，将它们置于生活世界中还意味着，它们被视为旨在相互理解的沟通的载体，而不仅仅是政治或经济行动者进行策略性沟通的渠道，或是政治和商业的功能性指令独占鳌头的场所。在哈贝马斯看来，公共空间植根于生活世界的非正式互动中，这种与生活世界的联系必须得到捍卫，以使其免受纯粹的功能性指令的影响，即免受权力和金钱的影响。在他的后期著作《在事实与规范之间》中，哈贝马斯（1996）对公共空间概念做出了进一步区分，将政治公共空间置于政治系统的外围，位于生活世界与政治系统的中心之间。但是，对于公共空间内的沟通应扎根于生活世界的互动之中并以此为依据这一规范性要求，仍然是哈贝马斯取径的核心原则。

分析生活世界只是哈贝马斯社会理论的一个视角。如前所述,另一视角侧重于**行政权力系统**和**经济系统**。系统无须借助参与者视角就可以加以分析。从非参与观察者的角度,可以更好地把握系统的功能性指令及其效果。政治分配决策权并生产出具有集体约束力的决策,经济配置资源并产生财富分配。哈贝马斯并不担心这些系统的正常运转。事实上,在他看来,它们发挥着其他系统或生活世界所无法履行的排他性功能,这些功能是高度分化的现代社会存在的必要条件。

表 2.2 生活世界的组成部分及其再生产(基于 Habermas,1987b,142-6)

	文化	社会	个性
再生产过程	文化再生产	社会整合	社会化
沟通行动的主要再生产功能	文化知识的传播、批判和获取	通过主体间认可的有效性宣称协调行动	身份的形成
再生产过程对维持生活世界的贡献	适于形成共识的解释方案("有效知识")	正当有序的人际关系,群体性团结	互动能力("个人身份")
再生产过程所受到的干扰	意义的丧失	失范(社会秩序的丧失、异化)	精神机能障碍
再生产过程的社会空间	文化公共空间	政治公共空间	私人领域
专门用于再生产过程的行动系统	科学、宗教、艺术、文化传播媒体	民主政治(话语意愿形成)、法律、政治新闻和讨论媒体	教育

哈贝马斯所担心的是当这两个系统的指令取代了生活世界中互动的交流逻辑时,它们在生活世界中所造成 46
的干扰——他把这个过程称为生活世界的"殖民化"。在

表 2.2 中，我们可以看到这种殖民化对生活世界的三个结构性组成部分所造成的危机症状。哈贝马斯将其概括如下：在文化再生产中，系统命令破坏了主体间生产的意义和传统，从而造成了文化贫瘠（“意义的丧失”），并因此耗尽了相互理解之基础。在社会整合中，殖民冲动造成失范，正当有序的团结关系瓦解，人们感到与同胞之间关系疏远。在社会化过程中，身份的形成被破坏，由于纯功能性逻辑侵入人们与自身建立的关系，精神疾病随之产生。与《公共领域的结构转型》中殖民化论题的早期论述相比，在《沟通行动理论》中，它所囊括的批判性诊断变得更加精确和差异化。但该批判的规范性内容大体上仍因袭其旧。

如果我们把殖民化的诊断转译为公共空间的运作，就会发现，对哈贝马斯来说，文化生产和政治意愿的形成都必须尽可能地摆脱权力和金钱的驱使。因此，哈贝马斯激烈反对科学、艺术、媒体和教育的商业化，反对将政治传播和自由意愿的形成淹没在政府和其他政治战略家的权力之下。这种规范性立场使他后来发展出一套有关媒体和民主的理论，其中，话语意愿的形成占据核心位置（见第三章）。

哈贝马斯将政治意愿形成的话语过程置于生活世
47 界，更准确地说，置于社会整合领域，在这个领域中，基于群体的团结关系得以产生。同时，他又将政治视为两个系统之一，它们完全由其自身权力分配这一无规范的功能性指令所规制，并可能对生活世界进行殖民。这并不矛盾。这里看似存在的紧张关系是由政治系统的两个子领域之间的张力造成的，这两个子领域一方与沟通权力有关，另一方与行政权力有关。政治既是一个讨论和学习的过程，指向公共善，产生**沟通权力**，也是一个利益协调的过程，在这个过程中，社会行动者的社会权力被转化为行政权力，进而用于执行决策。学习在政治系统的外围进行，决策在政治系统的中心做出。

结　语

在哈贝马斯的毕生之作中，《沟通行动理论》介于早期的《公共领域的结构转型》和后来在《在事实与规范之间》中提出的商议民主概念之间。《沟通行动理论》保留了早期的规范性冲动：对公共空间中理性—批判交流的关注，以及对金钱和权力对日常沟通的殖民化的批判。由此，它为理性提供了新的微观基础，并为生活世界的殖民化提供了更清晰的概念。

理性—批判交流的新基础在于“旨在达成理解之沟通”这一概念，它是一种典型的沟通形式。在这种沟通中，我们都会在不经意间做出三个反事实的预设，即在个体沟通行为中实现了真实性、道德正确性和真诚性。 48
所谓理性—批判话语，要么触及真实性宣称（理论话语），要么质疑围绕道德正确性的有效性宣称（实践话语）。这两类话语对应于生活世界三大结构性成分中的两个，即“文化”和“社会”，因此在我们的生活世界中根深蒂固。真实性宣称的问题化有助于文化知识基础的再生产和创新，我们从中汲取知识来理解世界；而正确性宣称的问题化则有助于正当社会关系的再生产和创新，我们从中发展出与他人之间的团结。这两种类型的话语都在更大的专门行动系统中具有制度化的归宿：科学、宗教和艺术用于知识的再生产，政治和法律用于正当社会秩序的再生产。

但哈贝马斯对媒体和公共辩论理论化的关键在于，这两种形式的话语都在专门的传播空间和特定的媒体环境中找到了温床：一方面，在以专业杂志或高质量报纸以及更普遍的线上和线下文化反思论坛为基础的文化公共空间中，知识和真实性宣称得以传播和讨论。另一方面，社会关系和社会秩序的正当性在政治公共空间得到讨论，后者在新闻媒体以及线下和线上的讨论和动员中找到其归属。在现实世界中，文化公共空间和政治公共空间并不像理论概念化中所表现的那样泾渭分明。在专门化程度较低、更加大众化的媒体论坛上，这两类话语往往相互交织。但要注意的是，这种区分可以追溯到哈贝马
49 斯对十八世纪欧洲文学公共空间的早期分析，这一空间到后来才站到国家的对立面，更具政治性和论争性（见第一章）。

最后，尽管在《沟通行动理论》中建立了三类有效性宣称和生活世界的三个组成部分的完整模型，但哈贝马斯最感兴趣的实际上是“中间部分”：对道德正确性的有效性宣称，关乎正当社会关系的实践话语、作为其温床的政治公共空间，以及专门规范社会秩序的政治和法律系统。因此，我们在下一章评述的第三本主要著作《在事实与规范之间》主要探讨的是法律与政治理论。它将政治

公共空间视为至关重要的组成部分，正是它确保了法律与政治在生活世界的话语中扎根。然而，直到今天，哈贝马斯对生活世界的全面构想始终没有进入媒介和传播研究对其成果的讨论。这在一定程度上是因为《沟通行动理论》两卷本的英文版先后在 1984 年和 1987 年出版，早于《公共领域的结构转型》英译本问世，而正是后者让哈贝马斯成为英语传播学界家喻户晓的名字。二十世纪九十年代初，在讨论《公共领域的结构转型》时，很少有传播学者真正"回到"《沟通行动理论》，但其实该书已经对哈贝马斯的原始论述进行了高度复杂的区分和扩展，这些本将有助于正确看待其饱受诟病的关于资产阶级公共空间的早期理想化观点。对于媒介和传播学研究者来说，哈贝马斯对不同类型的有效性宣称和问题化话语的区分中，仍有许多有待发掘的地方。这当中包括对情感在中介化公共讨论中的角色的初步探讨，尽管很少有人会把
它与哈贝马斯的名字联系在一起。这些讨论就建立在他 *50*
的实践话语概念的基础之上。对此，我们将在第七章中讨论。

推荐阅读

Honneth, A. and Joas, H. (eds.) (1991) *Communicative action: Essays on Jürgen Habermas's The Theory of Communicative Action*. MIT Press, Boston, MA.（其中包括哈贝马斯本人对其批评者的反驳）。

第三章 媒体与商议民主

51 来自生活世界的关切和讨论究竟是如何被引导和注入政治系统核心的决策中的？媒体在这个过程中扮演了什么角色？这些都是哈贝马斯在《在事实与规范之间》(1996)的第八章中所讨论的问题。此处基本的假设与《沟通行动理论》一脉相承，但哈贝马斯在这里使用了比以前更广泛的文献，更详细地描述了生活世界与政治决策之间的中介或融通。他的学生也是后来的同事伯恩哈德·彼得斯(Bernhard Peters，1949—2005)给了他特别的灵感。正是借助彼得斯的模型，哈贝马斯才对政治公共空间的结构和过程有了更清晰的把握，而他从自己早期写作《公共领域的结构转型》一书时开始，就一直在努力剖析这个问题。

52 行动中的政治公共空间

哈贝马斯借用了彼得斯(1993)的三个理论要素。首先，政治系统被构想为围绕中心—边缘轴运转。中心由多头结构组成，包括行政/政府、司法系统以及议会、选举和政党竞争中民主舆论和意愿的形成(Habermas,1996,354 脚注)。政治系统的边缘分为输入和输出边缘。在输出端,商业协会、工会和其他利益团体等私人组织负责完成特定的协调任务,执行中心做出的决策。在输入端,大量不同的行动主体试图将社会关注的问题纳入议会和司法部门的议事范畴。这些主体涵盖的范围很广,从只关心自身利益的明确的特殊组织,到代表弱小的组织化利益和公众利益的公益团体,不一而足。

其次,政治系统的中心区域被组织成一个**闸门**系统,由民主和宪法程序组成,各种关切和需求必须受到这些程序的导控才能影响政治决策。这一整套程序充当了社会需求的闸门,“唯此,行政机关的权力,以及影响核心区域的中介结构的社会权力,才不至于独立于议会机关的沟通权力之外,自行其是”(Habermas,1996,356)。换句话说,这些闸门确保了社会和政治中的掌权者不能将其意志直接强加于人,而是受到民主程序的约束。

再者,彼得斯(1993,346)和哈贝马斯(1996,357)将
解决问题的模式区分为**常规模式**和**危机模式**。先看危机 53
模式。只有当位于边缘的自主公共空间对特定议题提出质疑,并且舆论形成足够的压力以敦促核心机构遵守其宪法规定的角色时,才能实现从边缘经议会(或法院)和政府决策到行政部门执行这一“正式的”的权力流通。在这种问题化高峰间的中间时期,沟通和决策的流动往往是自上而下的,从政府机构开始,在没有太多阻力的情况下向边缘滴漏,这便是常规模式。哈贝马斯认为,只要常规模式不以极端的方式偏向特殊利益,并且只要中心随

时可以通过边缘动员被迫回到危机模式，在规范层面就不存在问题。

在这三项基本假设的基础上，哈贝马斯转而详细论述政治公共空间的运作。政治公共空间通过参与者的言辞表达反身性地稳定自身。

> 不同于某些行动者只是在使用已然存在的论坛，有的行动者知道，当他们投入观点争论、争取影响力的时候，他们同时也投身于重构和维持公共空间的结构这项**共同**事业。更具体地说，支持公共空间的行动者的不同之处在于，他们的政治参与带有**双重导向**：他们一方面谋求直接影响政治系统，同时也反身性地关注市民社会和公共空间的振兴与扩大，以及对自身认同和行动能力的确认。(Habermas，1996，369脚注)

54 植根于市民社会的公共论辩领域与政治系统的决策核心之间的关系，具有某种约束性特点。公共话语不能从整体上改变社会，或代表社会行事。“要产生出政治权力，它们的影响必须作用于民主选举的议会，并在正式决策中得到认可”，而这种影响力绝不能被认为是理所当然的。

在其内部，公共空间并不是铁板一块。

> (相反，它)代表的是一个高度复杂的网络。

> 从空间上说，这个网络扩展为众多相互重叠的领域，包括国际的、全国的、区域的、地方的和亚文化领域。在内容上，不同的功能视角、议题重点、政策领域又进一步导致了公共空间的实质性分化，但它们仍然对普通人（譬如，大众科学和文学公众，宗教和艺术公众，女性主义和“另类”公众，以及关心健康、社会福利或环境政策的公众）开放。此外，根据沟通密度、组织复杂性和所涉及范围，公共空间又分化为不同层次——从酒馆、咖啡馆和街头的**零星**公众到剧场演出、摇滚音乐会、政党大会或宗教集会之类特殊活动和事件中**临时的**或者被“安排的”公众，再到由分散在大的地理区域乃至全球的孤立的读者、听众和观众构成的**抽象**公共空间，其成员只能靠大众传媒才能聚拢起来。（Habermas，1996，373 脚注）

对于不同领域、群体、场所和场合所造成的众声喧哗，哈贝马斯的关注点并不在于分化或分割本身，而是“所有这些由日常语言构成的局部公共空间彼此之间都可以相互渗透”，每一种排他性机制都总可以被抵消（Habermas，1996，374）。“公共空间”仍然作为一个整体存在，因为在每一个子领域中讨论的内容都可以转译到另一个子领域，反之亦然。公共表达和论争的领域之所以不会完全坍塌，正是因为它植根于原则上人人都可以理解的沟通。 55

媒体权力

公共空间由不同类型的行动者组成。哈贝马斯将真正从公众中间涌现出来的“土生土长”的行动者与那些利用现有的公共传播结构、只在公众面前出现的行动者区分开来(Habermas,1996,375)。这种区分让人联想到哈贝马斯(1989b)早期对“批判公共性”和“代表型公共性”的并置(见第一章)。此外,新闻工作者和其他媒体从业人员凭借其把关人角色和对呈现方式的选择,获得了一种独特的权力,即“媒体权力”(Habermas,1996,376)。在哈贝马斯看来,这种权力并没有被用来为民主造福,至少电子媒介没有。“将事实当作人情味故事来报道,将信息与娱乐混为一谈,用情节化的方式组织材料,将复杂的关系肢解成细碎的片段,凡此种种,形成了一种综合征,导致公共传播去政治化。这正是文化工业理论的精髓所在”(Habermas,1996,377)。在《公共领域的结构转型》出版 35 年后,哈贝马斯再次借助于批判理论的固有传
56 统,强调文化工业的反启蒙倾向,尽管《沟通行动理论》曾努力以一种基于“沟通行动”的新理论来取代这一传统(见 Benson,2009,182)。考虑到哈贝马斯同时承认积极主动的受众拥有相当大的自由度,能够以颠覆性的方式解读媒体内容,这种批判观点就愈发让人感到吃惊。他还承认,“我们并不清楚大众媒体如何介入政治公共空间中弥散的沟通扩散过程”(Habermas,1996,377)。《在事实与规范之间》出版 10 多年后,哈贝马斯在论文《媒介社

会中的政治传播》(Habermas,2009b)中将回到这一点,并就大众媒体介入政治传播过程的方式发展出更精确的论述。然而眼下,他并没有进一步探讨这一经验问题,而是转向了民主媒介体制的规范性基础,借用古雷维奇和布鲁穆勒(Gurevitch and Blumler,1990)的观点,他对其概括如下:

> 大众媒体应该把自身理解为开明公众的受托人,它们既会预设和要求公众具有学习意愿和批评能力,同时也会对相关意愿和能力予以强化。像司法机构一样,它们也应该独立于政治和社会压力;它们应该接受公众的关注和建议,公正地处理这些问题和提议,加强批评,直面政治过程,明确提出合法化的要求。(Habermas,1996,378)

尽管在常规阶段,市民社会影响政治进程的前景被认为相当暗淡,但在危机情况下,权力的天平有可能向市民社会倾斜。在这种情况下,新的问题和不满被以下各 57
方提出来讨论:

> 包括知识分子、关心这些问题的公民、激进的专业人士、自命的"倡导者"等。这些议题从最外围突破,进入报纸和感兴趣的社团、俱乐部、专业组织、学院和大学的视野。在找到论坛、公民倡议和其他平台之后,它们就会催化出

社会运动和新的亚文化。后者又反过来给予这些问题和建议更大的声势，有效地展示它们，以引起大众媒体的关注。只有通过在媒体上有争议地展现，这些议题才能触及更大范围的公众，随后在“公共议程”中获得一席之地。有时候，还需要有耸动的行动、大规模抗议和持续不断的运动——譬如边缘候选人或激进政党的意外当选、“建制内”政党扩大的纲领和重要的法院裁决——加持，才能使这些问题进入政治系统的核心并得到正式考虑。(Habermas，1996，381)

与其批评者的普遍看法相反，哈贝马斯对那些强劲的、不文明的、自下而上的运动形式抱持着积极的态度，只要它们有助于“围困”政治系统的核心，而不是诋毁和中伤其他行动者。哈贝马斯的认可甚至更进一步：“对反对派的观点来说，赢得听众、获得更大的媒体影响力的最后手段，是公民不服从。这些非暴力、象征性违反规则的行为是为了表达一种抗议，其矛头所指，是那些具有约束力的决策。尽管这些决策通过合法程序产生，但根据有效的宪法原则，行动者认为它们并不具有正当性”
58 (Habermas，1996，382 脚注)。我们在第七章谈到反公众和情感的作用时，应该牢记这一点。

深度媒体民主

迄今为止，哈贝马斯对媒介理论的最新贡献是论文

《媒介社会中的政治传播:民主仍然具有认知维度吗?规范理论对经验研究的影响》(Habermas,2009b)。这篇文章在很多方面都可以被视为哈贝马斯在商议和媒体理论化方面遗产的传承,并且哈贝马斯将这篇文章献给了其已故同事伯恩哈德·彼得斯。如前所述,彼得斯启发了哈贝马斯在《在事实与规范之间》一书中对媒体的思考。在总结这一传统时,哈贝马斯首次以视觉的方式描绘出他所设想的政治传播过程(见图 3.1 和图 3.2)

传播模式	政治传播的领域	
制度化话语和谈判	政府、行政部门、议会、法院等	政治系统 (1)国家机构
分散的公共空间中基于媒体的大众传播	发表的意见 公众　媒体系统 ← 政客 / 说客 / 市民社会、行动者 民意调查结果	(2)政治公共空间
受众间的交流	安排的和非正式的关系、社会网络和运动	市民社会

图 3.1　哈贝马斯设想的政治传播的领域(改编自哈贝马斯 2009b,160)

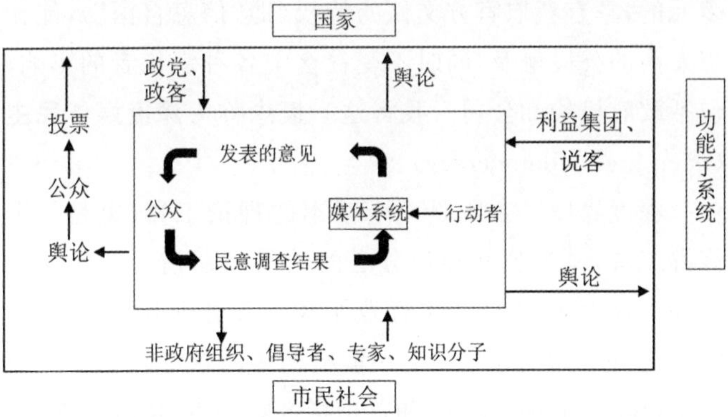

图 3.2　哈贝马斯设想的政治公共空间的输入和输出(改编自哈贝马斯 2009b,166)

在文章的第一部分，哈贝马斯将媒体置于民主的中心。所有的民主都具有三个共同点：它们保障对私人领域的法律保护，保障尽可能多的相关公民参与政治，以及保障“公共空间对形成审慎舆论的适当贡献”(Habermas,2009b,141)。这种贡献是通过民主制度的三项设计要素予以保证的：

- 将负责税收的国家和基于市场的社会相分离；
- 新闻自由、大众媒体的多样性和信息自由；
- 各类规制手段，确保大众和市民社会有权进入公共空间，并防止政治、社会或经济利益垄断公共传播领域。(p.141)

59 这是一个措辞毫不夸张的有力声明。光是媒体能够自由报道(从而也能够批评政府)还不够，它们还应该是多元的，享有获取官方文件的特权(即“信息自由”)，能让想发声的公民触及，同时不受社会上各种掌权者的影响，包括政府机构和公司。我将这一概念称为**深度媒体民主**(deep media democracy)。

深度媒体民主既是一个基本的理论工具，也是一个修辞工具，作为公共知识分子的哈贝马斯借之一次又一次地批评他眼中的媒体行业乱象。无怪乎哈贝马斯在2009年的文章中，对二十一世纪初由西尔维奥·贝卢斯科尼(Silvio Berlusconi)和鲁珀特·默多克(Rupert Murdoch)等媒体大亨所代表的经济和政治权力的集中化提出了严厉的批评。也难怪哈贝马斯对金融投资公司收购首屈一指的优质媒体(如他最喜欢的德国日报《南德意志报》)忧心忡忡，因为这些公司的利润预期远远高于传统的、文化悠久的家族业主。因此，在《媒体、市场和消费者：作为政治公共领域支柱的优质媒体》(2009a)一文中，他主张以创新性的方式为优质媒体提供补贴和公共财政，以确保深度的媒体民主。这可能是受到埃德温·贝克(C. Edwin Baker，2002)相关分析的影响，后者指出媒体领域的市场失灵，以及国家在应对失灵中所担负的责任(见 Benson，2009，191)。

在哈贝马斯看来，深度媒体民主之所以如此重要，是因为它构成了中介化的宏观商议(mediated macro deliberation)得以蓬勃发展的温床：

> 商议模式将公共空间设想为一个传声筒，用来记录影响整个社会的各类问题。同时，它也是一个话语过滤器，从无序的意见形成过程 60
> 中筛选出对相关议题带有普遍性和提供有益信息的论断，将这些“舆论”广而告之，传递给分散的公众，并将其列入权责部门的正式议程。(Habermas，2009b，143)

公共空间作为传声筒和过滤器，将施加“理性化压力，以提高决策质量”(p. 143)。

商议系统中的媒体功能

但是,这种通过公共讨论实现理性化的过程究竟是如何运作的呢?在哈贝马斯继续阐述深度媒体民主中宏观商议的要素和过程之前,他首先做了一个策略性限定。"政治公共空间的理性化力量只应扩展至意见的形成,而不是政治决策"(Habermas,2009b,146)。后者应该通过法院、议会、内阁会议等内部的正式商议来实现理性化。哈贝马斯这一观点既回应了帕金森和曼斯布里奇(Parkinson and Mansbridge,2012)近年来所提出的商议理论的系统性转向,也推动了这一转向。就整个商议系统而言,每一个商议论坛和政治机构都发挥着不同的功能。

哈贝马斯将正式的微观商议和无规制的中介化宏观商议并置在一起,这导致他(2009b)放弃了所有直接针对大众媒体提出的商议要求。

> 我们在国家公共空间所熟悉的那种基于媒
> 61 体的大众传播,不受任何话语质量标准乃至代表性的约束。仅就其结构而言,它缺乏话语争议的某些特征。与制度化的观点和意愿相比,它有两项缺陷尤为突出:缺乏共享的集体决策实践中真正(或虚拟)在场的参与者之间直接的、面对面的互动;缺乏看法和主张的平等交流中言说者和受众角色之间的往复互动。(Habermas,2009b,154)

此外，在哈贝马斯看来，大众传播深受社会权力的熏染——一方面，媒体有权按照自己的意愿选择和呈现内容；另一方面，历史上，政治和经济领域的掌权者也对媒体内容施加着大小不一的影响。这种权力与深度媒体民主的理念背道而驰。

因此，在哈贝马斯看来，大众传播对应着一对多的信息发布结构，不可能产生话语交流和理性的结果，因为读者和观众不必立即作出反应，言说者因而也不会受到直接的挑战。政治公共空间舞台上的核心角色——新闻工作者和政治人物——无心说服彼此，只想“影响匿名公众的观点，而不愿将自己暴露于批评的质疑声中”（Habermas，2009b，157）。（尽管如此，在第五章中，我们将看到，传播学者还是致力于运用商议框架来准确测量政治媒体内容的商议性，并借此进一步发展商议媒介理论，这一切，都是哈贝马斯没有预见到的。）

互联网是问题的解决之道吗？在哈贝马斯看来，并 62
非如此。在自由主义制度下：

> 遍布世界各地的数以百万计的“聊天室”和全球互联的“议题公众”（issue publics）的出现，反而使庞大的公众变得支离破碎；在公共空间中，无论其规模如何，公众总是会在同样的时间关注同样的议题。这些公众在虚拟空间中分解为大量偶发性的零散团体，被特殊利益凝聚在一起……目前，在这个虚拟空间中，并不存在公

> 共性结构的功能对等物，可以重组分散的信息，对其进行筛选，并编辑合成……目前，只有当活跃在网上的群体指向诸如选举活动或当前争议之类的真实进程，试图调动成员兴趣与支持时，国家公众内部的政治传播似乎才能从在线讨论中获益。（Habermas，2009b，157 脚注）

因此，哈贝马斯不相信随心所欲的在线话语能够酝酿出宏观商议，他只寄望于组织性动员能够带来民主裨益。

在不同传播模式和领域间的分工中，哈贝马斯找到了不均衡的、深受权力影响的大众传播和碎片化的网络话语这两个问题的解决方案（参见图 3.1）。基于媒体的大众传播摆脱了即刻的商议要求，位于政治公共空间的中心。“环绕着人口稠密的国家机构中心，公共空间形成了结构松散的外围，它自身植根于市民社会中更为转瞬即逝的传播网络中”（Habermas，2009b，159）。互联网话语则位于“受众间的交流”层面。哈贝马斯认为，无论是在制度化的政治话语和谈判等较高层次，还是在日常公民会话等较低层次，都能够看到商议的理性化效果。中介化政治传播则处在这两个层次中间，其中，媒介系统生产出发表的观点，它们选自政客、说客和压力集团以及市民社会的行动者和专家所提供的意见。这些发表的观点被分散的公众吸收，又以民意调查中的集合式个人偏好流回媒介系统。

审慎的舆论

为了评估这种中介化政治传播内部流通的潜在益处，哈贝马斯进一步明确了其核心产物，即舆论，并观察这些舆论在媒介系统之外，在更广泛的社会传播领域中是如何被处理的（图 3.1）。在哈贝马斯看来：

> 面对各种各样的争议议题和各类信息，关注议题的各方依据对广大公众累积起来的“赞成”和“反对”立场的感知，而直观给出的**权重**，即为舆论。舆论具有影响力。它们形成了一种环境，人们的思考和感受会随之调整，因此，它们会对观点和态度产生间接的压力，从长远来看，它们会影响心态的形成。（Habermas，2009b，165）

舆论并不等同于媒体发表的意见，也不等同于公民个人的经验性意见。相反，舆论是二者之间“直观衔接”的产物，一边是“精英们为舆论造势的努力”，另一边则是“广泛多样的受众或多或少的自觉反应”（p. 165）。 65

哈贝马斯并没有具体说明这种“衔接”实际上是如何进行的，但很明显，舆论是多点集体**感知**的产物，既包括对发表的意见的感知，也包括对集合的大众意见的感知。出于哈贝马斯的评估目的，更重要的是看接下来会发生什么：舆论并不是最终产物，它本身在政治传播的上层和下层都会经受新一轮的反思。“人们可以对他们感知到的舆论采取一种**追加**的立场。这些反思式的回应既可以'来自上层'的政治系统,也可以'来自下层'的市民社会。它们构成了对政治传播作为一种过滤机制是否有效的双重检验"(Habermas,2009b,166)。如果中介化政治传播能够有效地过滤意见,那么这种额外反思的结果就是"审慎的舆论"。所谓审慎的舆论,是指"一对相反的、多少连贯一致的意见,依据共识和分歧程度权重有所不同,它们指向相关的议题,表达出针对这类富有争议的议题的解释,这些解释就当时当地而言,依据现有信息,看起来最为可信或合理。(p. 166)

结　语

在哈贝马斯看来,中介化政治传播本身并不具有商议性,人们也不该对它抱有这样的期待。但在有利的条件下,它可以产生有益的结果,即审慎的舆论。因此,"它可以按照商议模式针对该部分所设想的方式,促进政治
66 进程的商议质量"(Habermas,2009b,167)。中介化政治传播仅应实现商议的第一项功能,即"确保相关议题和争议性解决办法、必要的信息以及适当的赞成和反对论点都能够被动员起来"(Habermas,2009b,162)。另外两项功能则要留给其他传播和决策领域来完成:其一,"各类替代方案都会在论证过程中接受检验,并得到相应的评估;其二,关乎程序正当决策的、由理性驱动的'赞成'和'反对'立场"成为政治决策过程的"决定性因素"(p.162)。在哈贝马斯看来,媒体是传声筒和过滤器,但不是"论证

场”。它们对随后在议会、法庭和内阁中进行的商议工作形成支持。

按理说，哈贝马斯根本不会反对商议性的媒体内容，尽管他并不想在规范层面加重媒体负担。但令人感到好奇的是，他更多地在公民的动机和能力以及媒介系统的法律规制中寻找有利和不利的商议条件，却很少关注媒体从业者的实际专业表现，及不同媒体类型和媒介体制之间的差异。第五章的目的，就是展现哈贝马斯的商议概念如何有助于评估媒体表现，并凸显那些推动商议性媒体表现的因素。

但这里还有一个更深层的问题。如图 3.1 和图 3.2 所示，哈贝马斯在政治观点和意愿形成的过程中给媒体设定了非常明确但又被严格限定的功能角色。这样一来，他淡化了中介化传播在社会中可以发挥的其他更广泛的作用。 67
中介化公共讨论建立起集体的自我理解，并有助于确立集体身份，这都超出了讨论政治的是非问题。中介化公共空间不仅是政策合法化的场域，也是文化生产的场域。事实上，商议视角的优势恰恰在于，它不仅将民主视为一种决策机制，也在本质上将之视为一场集体学习的大规模实验。

伯恩哈德·彼得斯（2008c，237）对此做出了非常精当的论述：

> 公共商议的“意见形成模式”无疑是正确的。它明确指出公共商议在民主制度中应该发挥的基本功能。但若止步于此，它就只能是**公共商议实然和应然**状态的掐头去尾的版本。公共商议不仅仅

> 关乎人们利用现有的信息和意见就公共议程上的议题做出决定,公共商议应该比这要牵涉的多……它应该关乎**发现**问题,关乎**集体寻找新的解决方案**。它不应该止步于解决紧迫的政治问题,它还应该牵涉到对世界观、价值观和原则以及集体自我理解的更为一般性的讨论。它既与集体解决方案有关,也与**知识和文化创新**以及生产和传播新思想和新诠释有关。(Peters,2008c,237)

为了把握媒体在商议民主中的文化创新功能,有必要重拾哈贝马斯关于文化公共空间的老观念,并寻找非商议媒体形式能够为商议民主中真正的公共讨论做出的贡献(见第六章)。不过,在我们讨论这些问题之前,有必要将以学习为导向的、商议式的民主与它主要的规范性对手区别开来,这是下一章的主题。

68

推荐阅读

Benson,R. (2009)"Shaping the public sphere: Habermas and beyond," *The American Sociologist*,40,pp. 175-92. doi: 10.1007/s12108-009-9071-4.

Parkinson,J. andMansbridge,J. (eds.) (2012) *Deliberative systems: Deliberative democracy at the large scale*. Cambridge University Press,Cambridge.

Peters,B. (2008c)"Public discourse,identity and the problem of democratic legitimacy." In: Wessler, H. (ed.) *Public deliberation and public culture: The writings of Bernhard Peters,1993-2005*. Palgrave Macmillan,London,pp. 213-54.

第四章 中介化公共空间

就本书来说，民主的规范模式之所以有趣，主要是因为它们针对媒体和中介化公共空间运作给出了不同的规范性预期。因此，下文对规范模式的对比旨在提炼出能够指导经验分析的“纯粹”类型，这意味着我的论述或许无法公正地反映每个传统的所有哲学基础和影响。我要将哈贝马斯的商议民主和政治传播模式与其主要对手——自由式、共和式和争胜式民主模式进行对比。

在审视不同的模式时，我将确认各个模式最重要的核心价值，一笔带过其他价值。同时，我也会聚焦最核心的隐喻，以捕捉该模式对中介化公共空间的构想（表 4.1）。然后，我会具体说明每一种模式对中介化公共讨论的观点，包括它们所期望的输入（“谁应该讲话”）、“吞吐”运转（“行动者应该如何讲话”）及产出（“在什么条件下公共讨论可以终止”）。这种三重区分是基于下列学者的类似论述，包括费里等人（Ferree et al.，2002，229）、彼得斯（Peters，2008d，122）、格哈兹、内德哈特和鲁奇（Gerhards，Neidhardt and Rucht，1998，37）、贝克（Baker，2002）、

70

表 4.1　对于中介化公共空间的规范预期

	核心价值	对公共空间的核心隐喻	输入：谁应该讲话？	运转：应该如何讲话？	结果：在什么条件下公共讨论应该终止？
自由主义模式	自由	社会的镜子	代表模式：社会群体的代表（按比例）	接受各种沟通方式（只要给予足够的尊重）	多数意见出现后讨论终止
共和主义模式	社群	友好的会话	社区模式：共享基本价值观或信念的人	内部对话、辩护、尊重和礼貌	重申共同价值观和相互承诺后终止讨论
商议模式	公共理性	讨论小组	参与模式：纳入所有受相关议题影响的人	外部对话、辩护、尊重和礼貌	通过论证支持的多数意见（理性异议）终止讨论
争胜模式	差异	抗议游行	赋权模式：大众参与，特别是边缘化群体的参与	叙事、表达性自我展示、修辞	避免终止，保持自主表达的机会，以追求反霸权的新秩序

本森(Benson,2009)、斯特朗贝克(Strömbäck,2005)、弗里隆(Freelon,2015)、达尔伯格(Dahlberg,2001; 2011)以及韦斯勒和林克(Wessler and Rinke,2012)等。这些论述发展出的与媒体相关的民主模式的结构都略有不同,有的将其他学者区分开的模式加以整合,有的则为了表达特定观点而引入其他模式。但它们中的大多数都与我在下文中要做的区分大体一致。

我们首先来看哈贝马斯对民主理论领域的看法。在论证其商议民主概念时,哈贝马斯(1994)将它与民主理论中的自由主义和共和主义传统区分开来。

> 现代民主的制度设计结合了三个要素:一是公民的私人自主权,每个人都有权追求自己的生活;二是民主公民权,即自由和平等的公民被无差别地纳入政治共同体;三是独立的公共空间,它构成了国家和社会之间的中间领域,公民在其中形成意见和期望。尽管这三个要素——平等自由、民主参与和舆论治国——在宪政国家中被融合为单一的设计,但在不同的传统中,它们被赋予了不同的权重。自由主义传统更看重公民个人自由,而共和主义和商议传统则各自强调积极公民在民主进程中的政治参与和审慎舆论的形成。(Habermas,2009b,139-41)

72

自由主义模式

> 在自由主义民主模式中(见表 4.1),公民追求其私人的、前政治的利益,并主要通过选举来表达其偏好。自由主要是指私人事务不受国家干预的自由。当公民组织起来,推动其私人利益时,就出现了"利益集团民主"(interest-group democracy)(Baker,2002,135)。公共空间让群体代表有机会发声,使这些群体的利益和意见透明化。在公共话语中,团体的优先次序与它们在现实世界中的相对实力吻合。媒体提供了社会的一面镜子,透过这面镜子,公民可以观察己方和其他群体的代表,并对相关的意见和偏好有一个大致的了解。至于讨论的方式,该模式没有任何具体的要求,只要参与各方保持基本的尊重足矣;非对话式的传播方式,譬如单纯的声明或强力的鼓吹都是完全可以接受的(Neidhardt,1994,20)。鉴于媒体的承载能力有限,公民的注意力也有限,当各方澄清了自己的立场,并达成多数意见,讨论就应该终止,以便为其他重要议题腾出空间(Ferree et al.,2002,210)。

哈贝马斯批评这种民主观念的工具性,并敏锐地将其与"共和主义的公民伦理"相提并论,"在这套伦理中,民族自决的悲怆得到了表达”(Habermas,2009b,142)。“在共和主义传统中,宪政国家建设的目标是促进由联合起来的公民共同参与的自决实践,而不是像自由主义传统那样,以促进每个人的自主生活为目的”(Habermas,2009b,142)。同样,贝克也指出: 73

> 利益集团多元论忽视了大多数人的两个基本属性,而这些属性对于健全的民主理论至关重要。首先,人并不是狭隘地自私自利,至少不总是这样。人具有社会性、公共性,而且往往是具有爱心和理想主义的,而不是纯粹的自私和原子化……人常常被共同利益的观念和对他人福祉的关注所驱使。其次,人们的利益并不完全源自某种内在来源,甚至不完全源自他们的群体身份。相反,人们会投入大量精力来构想、评估和选择不同的利益和价值观,而后遵照它们行事。(Baker,2002,138 脚注)

对自由主义模式的这些批评,在民主理论的共和主义传统中得到了回应(表 4.1)。

共和主义模式

在共和主义传统中,公民被视为政治社群的成员,围绕何为最好展开友好的对话。媒体应该提供线上和线下的平台,促进这种对话。在平台上,共享基本价值观和信

仰的人可以交流思想，并达成共同体的自我认同。交谈
中成员应该相互尊重、文明有礼，要为自己的立场辩护，
并积极寻求与其他成员的共同利益和集体的自我理解。
然而，“在这个意义上，社群成员往往致力于推进社区特
权，而无意于与非成员以合作方式展开交流”（Freelon，
74 2015，775）。因此，一旦社群成员之间的共享价值观和相
互承诺得到公开重申，讨论就应该终止。随着对话的终
止，公共话语中的论辩元素和庆祝元素便由此交织在
一起。

共和主义模式强调，公民应积极参与确定共同利益。对此，哈贝马斯抱有同情。但与此同时，他对该模式中的另外两个方面持批评态度，认为它们贬低了这种参与性前提。在哈贝马斯看来，共和主义模式首先过于理想化，其次又与具体社群的维系过于紧密地联系在一起（Habermas，1994，4 脚注）。这是什么意思呢？在共和主义模式中，“民主取决于公民致力于公共福祉的美德。这种对美德的期望已经导致让-雅克·卢梭（Jean-Jacques Rousseau）将公民一分为二，一边是以公共善为导向的公民，一边是无法承受过重伦理负担的私人。政治立法机构的全体一致性应当事先通过实质性的伦理共识来保证”（Habermas，1994，4）。这里的“伦理共识”是指公民对美好生活和他们想要生活于其中的社会具有一致的观念。因此，在哈贝马斯看来，共和主义模式对个体的公共精神要求过高，因而必须预设公民之间存在实质性共识，这种共识关乎共同生活的伦理基础。然而，一套伦理共识总是会指向由真实的人组成的具体的社群，并因此将

民主与他们的集体自我理解联系起来。

> 当然，旨在实现自我理解的话语也是政治
> 的重要组成部分。在这些话语中，参与者希望
> 清楚地了解自己如何充当特定民族之成员，特
> 别地方或国家的成员，以及特定地区的居民；在
> 这些话语中，他们想要决定自己将延续哪些传 75
> 统；在这些话语中，他们努力确定如何对待彼
> 此，又如何对待少数族群和边缘群体。总之，在
> 这些话语中，他们想要弄清自己希望生活在什么
> 样的社会中。但这些问题从属于道德问题，并与
> 实用问题相关。（Habermas，1994，4 脚注）

道德问题关乎正义，其实质是“如何遵照所有人的平等利益来规制特定事务”（Habermas，1994，5），即便公民群体之间在伦理自我理解上存在分歧或相互矛盾——在现代多元社会中，实际情形大多如此。而实用问题则关乎如何最有效地实施这些规制。根据哈贝马斯的观点，民主政治的主要任务不在于维护政治共同体中的共同价值观基础，而在于寻求富有创造性和可行的方式，在公民固守相反的价值观时仍可以接近正义。哈贝马斯认为，为了完成这一任务，民主需要某种中介性话语，它与共和主义传统中共享价值观的人们之间的友好会话相当不同。

商议模式

在哈贝马斯的商议民主模式中，公共传播类似于一个讨论组，只不过规模更大（见表 4.1）。在商议民主中，传播交往的参与者存在分歧，但与此同时，参与者又可以提出公开的理由，捍卫各自的立场。公共讨论应该纳入
76 所有受相关议题影响的人，或者至少是所有受影响者的观点和经验以及支持其观点的理由（Wessler，2008）。这些理由要想获得正当性，就必须与反对者为其自身观点提出的辩护相权衡。这种理由的交换应该跨越分歧，而不是仅停留在特定群体内部。讨论应该在相互尊重和文明的氛围中进行。在中介化的公共传播中，即便我们期望的是道德共识而非伦理共识，也不太可能跨越分歧达成实质性的共识。因此，公共空间中传播交往活动的理想结果在于得到论证支持的多数意见，或者更笼统地说，是理性的异议（Wessler，2008）。在实现这种公共交流的认知收益之前，在参与者清晰地认识到他们为什么坚持自己的立场，旁人为其替代性立场提出了哪些理由之前，讨论不应该终止。商议模式主张对公共传播的程序性理解：理想的民主利益是在商议讨论过程中产生的，而不是像共和主义模式那样依托伦理共识（在多元社会中不可能实现），或者像自由主义模式那样仅仅依靠利己意见的聚合。

然而，中介化传播的商议模式也遭致不少批评，其中

一些批评与这里的讨论相关。①墨菲(Mouffe,1999)和桑德斯(Sanders,1997,348 脚注)认为,商议模式要求文明的言说,聚焦基于事实的论证,这造成对某些群体的系统性偏袒(另见 Dahlberg,2014)。批评者指出,这与在讨论中广泛纳入每个受问题影响的人的商议主张相矛盾,也忽视了激情和情感对民主话语的益处(Mouffe,1999,755 77
脚注)。正是这些批评催生了第四种中介化公共空间的规范模式。

争胜模式

“争胜”(agonistic)这个词源于古希腊语“agon”一词,意思是争吵、争论、争斗。因此,争胜模式倾向于激荡的价值交流,这种交流凸显差异,而差异则主要与激进政治有关。这套观点所崇尚的公共传播模式最像一场充满活力、丰富多彩的抗议游行,它赋予曾经被边缘化的群体以权利,帮助他们找到真正的自我表达方式。争胜理论所偏爱的表达形式并非论证,而是侧重于叙事、修辞和表达性的自我展示(Ferree et al.,2002,226; Young,1996)。因为在特定的霸权秩序中,这种自我表达的机会相当稀少,而且颇受掣肘,大多争胜主义者都主张,不应该终止辩论。相反,他们希望随时保持自主表达的渠道畅通,特别是对边缘化群体而言。

近年来,争胜论者也主张,有必要在争胜模式中发展出

① 以下段落基于韦斯勒、林克和勒布(Wessler,Rinke,and Löb,2016)所写一文。

积极的替代性政治秩序（见 Glover，2012，91）：“我不认为人们只能将争胜式斗争的本质单纯限定在围绕议题或身份的持续论争。人们还需要掌握霸权表达的关键作用，以及不仅要挑战现存秩序，还要构建新的表述和新的制度的必要性”（Mouffe，2013，11）。但是，这些新的表述和制度的构建，并不是为了终止公共讨论，而是为了形成更有力、统一
78 的同盟，参与公共论争（见表 4.1）。墨菲（Mouffe，2013，7）认为，任何政治斗争都会造成“我们”和“他们”之间的对抗，因为它不可避免地建立在根本无法调和的对立利益之上，更不用说通过公共讨论来实现调解了。因此，根据争胜模式，公共话语总是充满了权力和争夺霸权的斗争，只不过，斗争的双方是对手，而不是敌人（p. 7）。

那么，争胜模式与哈贝马斯的商议概念有何关联呢？虽然争胜论者的批评提出了重要的问题，但该传统的一些代表人物未能认识到商议模式框架内发生的变化，这一框架已经开始着手应对相关的批评。例如，杨（Young，1996）同意争胜主义批评者的观点，即温和、文明的言说标准对广泛包容的主张具有负面影响，因为这些标准歧视弱势群体和少数群体的言论。但是，杨并没有完全抛弃商议视角，而是建议在公共商议中纳入其他沟通形式，如致意、修辞和讲故事，因为它们“在缺乏重要的共享理解的情况下，通过提供跨越差异的表达方式，对论点进行了补充”（Young，1996，129；本书第六章将会更详细地讨论这一点）。尽管商议范式特别重视在文明和相互尊重的讨论中基于事实展开论证，但这并不意味着激情的、充满情感的公共表达不具备正当性，应该完全排除在话语

之外。相反，商议视角承认，只要这些替代性的沟通形式最终能够转化为可批评的立场，展现出相对于政治中心的全面的说服力，它们对商议话语就不无益处（Habermas，1996，381）。

尽管冲突处在争胜民主概念的核心，但这些冲突本质为何、源自何处、如何调解，争胜论者语焉不详（Erman，2009），因为在他们眼中，这些冲突在根本上是 79
不可调和的。至于解决不同类型的分歧，争胜模式也没什么用武之地（Dryzek，2009；2005）。特别是，争胜论者并没有提供一套标准，让我们可以判断哪些表达和立场应被视为民主正当的，哪些违反了基本的民主规范，因而不属于正当对抗的范畴（Glover，2012）。

相比之下，商议民主理论的拥护者则将其设计成一套规范模式，非常直接地处理棘手的道德冲突等相关问题。商议理论的主要著作均以社会多元化和道德冲突的事实作为其出发点，并将道德讨论视为政治生活和民主原始问题的核心（如 Gutmann and Thompson，1996；Steiner et al.，2017）。因此，商议理论致力于通过制定公共商议实践的原则和标准，来使“鲜明的道德妥协”成为可能。其基本思想是，只有这样的商议才可能产生真正的妥协，并确保对立的道德阵营成员之间的合作（如 Bohman，1996）。因此，相较于争胜视角，商议理论以更合理的方式来处理社会现实的复杂性，这恰恰是因为，它对非论证式的沟通形式和替代性习语保持开放，当然，这一切都需要建立在共享的程序公正的基础之上，并致力于达成合理的解决方案。

结　语

本章所勾勒出的四种规范模式可用作衡量媒体表现的差异化标准。这种多视角的规范性评估(Althaus,
80 2012)有助于确定政治传播的现实在多大程度上符合每种规范模式。对政治传播的经验模式进行规范性评估,也可以激发更为广泛的讨论,这些讨论关乎可取的媒体民主类型及其实现条件。在这种情况下,由哈贝马斯提出并经许多其他作者完善的商议模式是最为严苛的,因为它既囊括了自由主义模式和部分共和主义模式的迫切要求,又增加了额外的标准:与自由主义模式相比,商议模式更青睐对话式的、论证式的沟通方式,借此产生理性的异议,而不是任何形式的多数意见。与共和主义模式相比,商议传统更推崇桥接不同阵营的外部论争,而不是志同道合者之间的"飞地商议"(enclave deliberation)(Sunstein,2007)。最后,争胜模式青睐截然不同的沟通形式(叙事、自我表达等),但这些沟通形式不能与商议式交流相提并论。这提醒我们,商议理论应该系统地研究非论证式中介化传播强化商议的潜能,并将其纳入更广泛的分析方案中——我们将在第六章中进一步讨论这一任务。但在此之前,我们先要从规范模式的层面转向对公共空间中的传播的实证研究,并比较线下和线上的政治新闻、讨论媒体的商议潜力。

推荐阅读

Baker, E. C. (2002). *Media, markets, and democracy*.

Cambridge University Press, Cambridge, pp. 129-54.

Dahlberg, L. (2011) "Re-constructing digital democracy: An outline of four 'positions'," *New Media & Society*, 13(6), pp. 855-72. doi: 10.1177/1461444810389569. 81

Ferree, M. M., Gamson, W. A., Gerhards, J., and Rucht, D. (2002) *Shaping abortion discourse: Democracy and the public sphere in Germany and the United States*. Cambridge University Press, Cambridge, pp. 205-31.

82 令人惊讶的是，哈贝马斯对媒体中出现真正的商议并未抱有很大期望。相反，他认为，“基于媒体的大众传播要想促进商议政治，并不需要向严苛的话语传播设计靠拢”（Habermas，2009b，158）。哈贝马斯对大众媒体的要求不高，只需要它们“将相关议题和争议性答案、必要的信息以及赞成和反对的适当论据调动起来”（Habermas，2009b，162）。因此，在商议政治系统中，大众媒体应该告知受众相关的议题，并汇总关于这些议题的不同立场。正如第三章所述，我们不能指望依靠大众传媒来实现哈贝马斯商议理论的核心价值，即论证性交流。在哈贝马斯看来，论证性交流应该发生在议会辩论、法庭或内阁会议等制度场景之下。

83 当然，这种观点有诸多表面证据支持。譬如，在中介化公共空间中，人们在相互交谈时，主要不是为了说服对方，而是为了给听众留下好印象，后者可能会在自己意见形成的过程中接受言说者的立场或论点。这种三方结构——两位言说者和一位听众——让言说者难以展开以相互理解为目的的商议式交流，反倒鼓励了种种策略性沟通，其目的是赢得言说者自己阵营内的支持（Peters，2008c，239）。此外，与这一观点相呼应，一些研究者主张将中介化商议的概念限定在中介化小群体环境中，譬如某些专门设计的在线论坛，它们旨在促进少量参与者之间的论证交流和商议（见 Stromer-Galley and Wichowski，2011）。

与这种较为局限的观点相反，我主张一种**更为宽泛和渐进的中介化商议概念**，借以审视“野生的”媒介话语，而不是专门设计的商议空间（Wessler，2008；Rinke 2016）。“中介化商议”应该被分解为一组不同的商议标准，然后可以用来经验性地衡量媒体的商议性程度。这种渐进式的方法承认，大多数中介化传播形式——无论是依托大众媒体还是网络媒体——都够不上充分的商议性、论证性交流。但归根到底，不同程度的商议性这一观念就预设了理想型式的论证交流会在不同的媒体论坛上或多或少地有所体现。但是，为什么中介化商议概念应当保持这种渐进性，而不是将其限定在商议性连续统的正面一端呢？

究其原因，主要是商议表现的渐进性差异对民主的 84
质量影响很大。媒体使用者是否能从中介化政治传播中获得一些实质性的内容，从而帮助他们在政治上做出决定，取决于公民到底能听到全部声音，还是只听得到一小部分声音；取决于记者是能够清楚地呈现可供选择的立场，还是模糊了这些立场；取决于记者到底是从言说者那里引出各种论证理据，还是径直摆出无可质疑的声明；也取决于言说者是相互咆哮，还是倾听并尊重不同的意见和理由。相对于这样或那样的商议性标准，不同的媒体论坛各具短长。此外，并非所有的标准都能同时达到最大化，因此会出现折中或取舍，这对特定媒体论坛能为民主做出何种贡献影响巨大。

例如，通常情况下电视谈话节目会展现出言说者之间的回应度，也就是说，言说者实际上会回答主持人的问题，并对其他言说者的言辞做出反应。相比之下，印刷和网络新闻乍一看不太适合应答式讨论，但由于文本较长，有可能包括更广泛的言说者类型和更多的观点理据。而像推特这样的微博客，则可以促进从政者和公民之间的直接交流，这在大众媒体论坛中是不常见的，但由于单条推文的字数限制，推特几乎没办法提供充足的理据。

除了这些媒体差异之外，即使在同一个媒体论坛内，商议标准的实现也会因政治和文化背景的不同而各不相同。在更加极化的背景下，推特会被用于不那么文明和不怎么具有论证性的交流，而在北欧大部分地区更具共识的情境下，商议的质量则更高（关于国家差异的类似论
85 点，见 Wessler and Rinke 2014；Nir，2012）。无论不同媒体和国家之间在商议表现上存在什么样的渐进式差异，它们都很重要，因为在特定的环境和历史形势下，特定媒体论坛的相对支配地位意味着论坛自身的优劣将影响到这一情境下政治传播的民主价值。只有以渐进的方式评估商议表现，并且商议概念不局限于连续统的正面一端，我们才能够把握媒体论坛对民主质量的影响。

尽管存在明显的媒体（和国家）差异，但研究者们尚未针对具体媒体的商议表现发展出一套完善的比较方

案。实际上，对中介话语实际遵循商议标准的程度进行实证研究，构成了哈贝马斯商议民主概念的重要应用。

商议性标准

约有一百篇左右的学术文献明确使用了商议性的标准来衡量媒体产品或论坛的表现（关于概述，参阅 Rinke, 2016）。其中许多研究直接参考了哈贝马斯论著的方方面面，但其他研究没有，因此更为间接地促进了这一领域的发展。在本章中，我将系统地评述有关四类媒体论坛的**媒体商议性**的实证文献，包括质报、电视新闻、推特和政治博客（见表 5.1）。我不会对这些媒体论坛的内容作一般性的介绍。因此，本章的讨论不会涵盖关于推特上的抗议组织或新闻小报化的大部分论述。相反，我聚焦那些测量包容性、回应性、论证理据和文明性等特定的商 86
议表现要素的研究。我的目标是厘清各种概念化和操作化差异，以便对不同的新闻和讨论媒体的商议性前景有一个统一的认识①。我将使用以下四项标准。

1.包容性(inclusiveness)：商议民主理论特别关注讨论的开放性。任何有争议的问题都不该被永久性地压制，各种声音也不该受到结构性的限制（Ferree et al., 2002, 232-6; Gastil, 2008, 52）。通过开放公共讨论，新闻和讨论媒体应该纠正由于行动者掌握不同程度的资源来公开表达其观点而存在的媒体准入上的不平等现象。关

① 以下段落部分地基于韦斯勒和林克（Wessler and Rinke, 2014, 4-5）所写一文。

于讨论中哪些不同的声音可以被听到，对哈贝马斯(1996,359-87)来说尤为重要的是，除了政治系统中心的强大行动者之外，还应该纳入来自边缘的社会行动者，譬如市民社会组织、专家和普通公民。此外，自上而下的常规政治决策模式偶尔应该翻转过来，将社会关切“向上”带入政治权力的中心。除了中心—边缘这一维度外，一些研究者还关注言说者在性别、阶级、种族或族裔方面的构成。在每种情况下，商议理论家都倾向于在男女、不同阶层以及多数和少数群体之间更加均匀的分布。

2.回应性(responsiveness)：商议理论显然重讨论、轻独白。讨论的必要条件是媒体论坛中存在对立的立场或
87 主张。虽然自由主义模式无疑也拥抱这一标准(见第四章)，但商议传统更重视直接回应，即言说者实质性地回应对方的立场和缘由(见 Bennett et al.,2004)。根据商议理论，直接的实质性回应有可能区分令人信服的论点与站不住脚的论点(Peters,2008c,240)。此外，商议理论偏爱平等的讨论结构。讨论中应听取和顾及许多不同的言说者，而不是任由几个“强势的讨论者”言之滔滔并吸引其他人的所有注意力。

3.论理性(justification)：如果言说者在提出主张的同时还提供论证理据，那么中介化讨论对参与者和听众来说就更有价值(Chambers,2010)。在专业新闻媒体中，这一标准要求记者从言说者，特别是从位于政治系统中心的行动者那里获得其主张和决定的理由，并将这些理由公之于众，接受公开争论(Ettema,2007)。这确保了掌权者可以被公开问责，并且如果其理由令人信服，还可以赋

予他们正当性。在线上讨论媒体中，论证理据标准意味着所有参与者都应当随时提供理由，要求他人提供理由，并质疑接收到的论证理据。

4.文明性(civility)：将商议置于民主过程中心的理论都认识到，要想在分歧中达成积极的后果，就必须在相互交流中保持文明互动(例如，Mansbridge，1983；Mutz，2006)。这一要求同样适用于中介化互动(例如，Mutz，2015)。文明规范的目的并不是要在公共话语中排斥和剔除边缘化的行动者和关注点。相反，它旨在抵制教条
88 式的立场和沟通方式。对于那些使自己免受批评和纯粹用来获得或维护权力的表达方式而言，它是一剂解毒剂。不文明的交流间接否认了其他言说者就某一议题正当发言的道德权利或能力(Papacharissi，2004)，而文明规范所针对的正是不文明言说者的这种偏狭。不文明交流的范围开阔，从消极不尊重(例如粗暴漠视特定的行动者、群体或关切)一直到主动攻击其他言说者(辱骂、污名化、侮辱等)。

表 5.1 中的概述既可以进行纵向解读，显示每一种媒体论坛的独特情况，也可以进行横向评估，比较不同论坛在某一特定商议性标准上的表现水平。报纸和电视新闻可谓受众媒介，因为商议是在受众**面前**进行，而受众大多只限于收听、观看或阅读。推特和政治博客是参与式媒介，旨在激活用户作为言说者和听众的双重角色。对于受众媒介来说，商议质量是根据受众所接收到的产品来评估的；而对于参与式媒介来说，评估的是参与者自身沟通行为的商议表现。

媒介可供性是指由媒介技术和媒介应用的基本特征决定的特定的行动(在此处指传播或沟通)机会(Evans et al.,2016)。因此,可供性可以促成或限制特定类型的使用。经验研究的结果可以揭示媒体在特定标准上的表现水平,从而可以为我们理解媒介可供性提供依据。然而,表现水平与媒介可供性不能完全划等号,因为我们可以 90
很容易地看到,同类媒体论坛的表现有时会出现巨大的差异。例如,韦斯勒和林克(Wessler and Rinke,2014)的研究显示,美国、德国和俄罗斯等不同类型民主国家的电视新闻节目在文明性上几乎没有差异(它们只表现出很少的不文明行为),但在论理性程度上大相径庭,有的节目只有10%的言辞包含论证理据,而有的节目论证理据的比重则高达50%。

表 5.1 不同媒体的商议表现水平

		质报	电视新闻	推特	政治博客
包容性	平等的社会构成	一般	一般	一般	一般
回应性	实质性互动	一般	弱	弱	一般
	平等的用户讨论结构	无	无	弱	弱
论理性		强	一般	弱	一般
文明性		强	强	一般	一般

在这里,表现水平的高低范围和最佳表现者的绝对值都很有启发性。同一类媒体论坛在不同情况下的水平差异越小,媒介技术对表现水平的先决性就越高。反之,这个差异范围越广,其他因素——譬如媒体渠道的组织形式——对商议表现的影响就越大。例如,电视新闻生

产的技术为不同的行动方案提供了机会，这些行动关系到电视新闻的社会组织，即关系到我们是看商业电视台、公共服务电视台还是国有电视台。

但表现的绝对值也很重要。最佳表现者在给定标准上达到的水平，可以让我们了解特定媒体论坛所具有的更普遍的商议潜能，因为它显示了在现实条件下，可以在多大程度上接近相应的规范性理想。当然，原则上可以创造更好的条件，以达到更高的表现水平。但就目前而言，如果我们选择众多例子来研究，表现最好的那个代表了最佳实践模式。那么，从现有的经验研究来看，媒体的商议潜能到底如何？

质　报 91

质报即优质报纸。经过历史发展，质报成为公共讨论的媒介，这种讨论主要面向社会中的受教育阶层。正如第一章所述，哈贝马斯在其《公共领域的结构转型》中所研究（并理想化了）的早期资产阶级公共空间的媒体主要就是这类报纸。针对下层阶级的“便士报”（即小报）是很晚才出现的，其历史可以追溯到十九世纪末，那时在工业化社会中识字越来越普遍。质报是“媒体领头羊”（Jarren and Vogel，2011），因为政治、经济和文化精英都在阅读它们，而且其报道和评论会对其他媒体的报道产生影响，这个过程被称为媒体间的议程设置（Golan，2006）。

质报具有出色的商议性潜能。它们通常围绕公共问题展开相对**包容**的讨论，让来自政治系统中心和边缘的行动者都能发表意见。市民社会行动者时不时会出现，专家知识和判断常常被吸收进来，公共知识分子也会发表看法（Peters，2008c，94-9）。不同国家的报纸在构建讨论的程度上有所不同，这些讨论要么围绕受问题影响者展开，要么直接将受影响者带入其中，让那些缺乏组织归属和资源以助其吸引媒体报道的普通公民（甚至非公民）得以发声（见 Benson，2013）。读者投书和论坛版面提供了专门的空间来吸纳公民意见（Wahl-Jorgensen，2001）。总体而言，质报的报道通常会将中心和边缘行动者、机构行动者和无组织行动者整合起来，由此构成相对多元的
92 行动者集合，尽管他们在性别、阶级或种族/族裔构成上明显不够平等。

作为受众媒体，报纸所提供的**回应性**大多体现在文章所呈现的行动者中间。新闻风格各不相同：在传统的英美新闻界，“辩论风格的文章”很常见，它们将对立双方的言辞相互并置（Ferree et al.，2002），而在欧洲大陆新闻界，单篇文章通常都是片面的，但有时会被嵌入“辩论组合”（Benson，2013），将对立的声音分布在不同的文章和文本类型中。在同一套言辞中包含对立论点的情况十分罕见。这说明在面对观众进行的讨论中，激励机制起了作用，它显然不鼓励行动者表现出犹豫不决和不确定。行动者被促使针对议题采取行动，就好像他们总是知道怎么想和怎么办一样。支持和权衡争议双方论点的调解人（Wessler，1999，205）少之又少。读者来信是另一种增加受众回应性的工具，但在纸质报纸上，投书数量不大，

而且眼光敏锐的记者看重的往往是它们提出的观点的新奇性。原则上,网络报纸可以为任何类型的内容提供更多的空间,包括读者对文章的评论,这构成了一种独特的公共讨论。然而,总的来说,无论是纸质报纸,还是网络报纸,回应性大体上是由记者构建的,他们分配发言机会,并因此形塑讨论的边界。

尽管报纸上讨论的建构性减少了自由流动的回应,但在涉及**论理性**标准时,这变成一种优势。研究发现,在质报给出或报道的言辞中,平均五分之二包含论证理据
(Gehards, Neidhardt, and Rucht, 1998; Kuhlmann, 93
1999; Cinalli and O'Flynn,2014)。专家和记者提供论证理据的比率最高,为 60%—70%。读者因而不仅可以注意到相关主张,还可以了解报纸话语中行动者提出的理由。最后,由于质报话语是由专业记者建构的,它们通常都相当文明(Ferree et al.,2002)。不尊重、人身攻击或诋毁其他行动者的言辞相当罕见,而且一旦出现这种情况,质报也倾向于曝光而非放大它们。

因此,总的来说,质报生产的话语只具有适度的包容性和回应性,但有高度的论理性和文明性。这显然是哈贝马斯(Habermas,2009b)经常在此类媒体上发表文章以介入当前的政治讨论,并公开捍卫优质日报和周刊体系的原因之一。质报还为公共讨论提供了一个成熟的论坛,其特征在各国之间相对类似。另一方面,质报处境危险。它们长期以来所依赖的商业模式——订阅费和零售费加上来自消费者广告和分类广告的收入——正在崩塌,尤其是在美国,因为可免费获取的在线内容导致订阅

量下降,广告也转向了网络。在这种情况下,学术界和广大公众都在讨论支撑优质信息的替代性商业模式。在《作为政治公共领域支柱的优质媒体》这篇文章中,哈贝马斯(2009a)审视了由国家发放选择性新闻补贴这种方式,这项政策在北欧国家和法国施行,旨在保护规模较小、利润较低的报纸,从而确保意见的多样性。

94

电视新闻

随着不同节目形式的增多,电视新闻的实际面貌已变得相当难以界定。在电视发展的早期,新闻由主播呈现,要么是念出短讯辅以背景中的静态画面,要么是介绍视频报道,这些报道通常结合事件的镜头与记者的画外音或出镜评论。这种传统的以事实为中心的新闻节目已经被各种形式的更长、更聚焦的深度新闻专题节目所取代。这些节目通常处理的选题较少,但新闻形式更为多样,从视频报道到主持人的个人评论,再到现场采访,有时会同时采访两到三个对手,不一而足。CNN 的《安德森·库珀 360 度》(*Anderson Cooper 360°*)就是这种专题节目形式的一个典型例子。

大多数质报都是商业企业,电视台和电视网则具有不同的组织类型和不同的需求(Wessler and Rinke, 2014)。在成熟的民主国家,两种模式占主导地位:一是商业电视台,其资金来源主要是节目间隙播放的广告;二是公共服务电视台,其资金来源则包括许可费(类似于税收的强制性观众缴费)、捐赠、政府补贴和有限的广告。

在不成熟的民主国家和威权体制中，电视台通常由政府控制。控制的力度各不相同，形式则既包括直接的国有和控制，也包括更间接的恐吓方式，后者导致新闻工作者自我审查。在这种情况下，商议表现的水平通常低于成熟的民主国家。

韦斯勒和林克（Wessler and Rinke，2014）深入分析了三个国家的电视新闻节目的商议性水平，其中两个是成熟民主国家（美国和德国），另一个国家是俄罗斯。图5.1显示了所研究的11个节目的结果。测量点接近图形周边的位置表示在相应标准上具有良好的商议表现；测量点靠近中心则表示表现不佳。因此，一般来说，锯齿线所包围的区域面积越大，节目的商议性越高；面积越小，商议性则越低。 95

在韦斯勒和林克（Wessler and Rinke，2014）所研究的13项标准中，有8项与我们在此讨论的商议性标准一致。

- **包容性**的衡量标准是(a)公民和专家（即不代表组织发言的市民社会行动者）、(b)市民社会行动者（即政治系统边缘）和(c)该国政治反对派成员所占的言辞比例。对于公民和专家以及整个市民社会而言，德国RTL电视台、美国广播公司（ABC）和美国有线电视新闻网（CNN）等商业频道得分较高，而政治反对派在公共服务频道[美国公共广播电视公司（PBS）和德国电视一台（ARD）]上拥有更大的发言权。在俄罗斯，两个国营频道[俄罗斯国营第一电视频道（Pervy）和俄罗斯国家广播

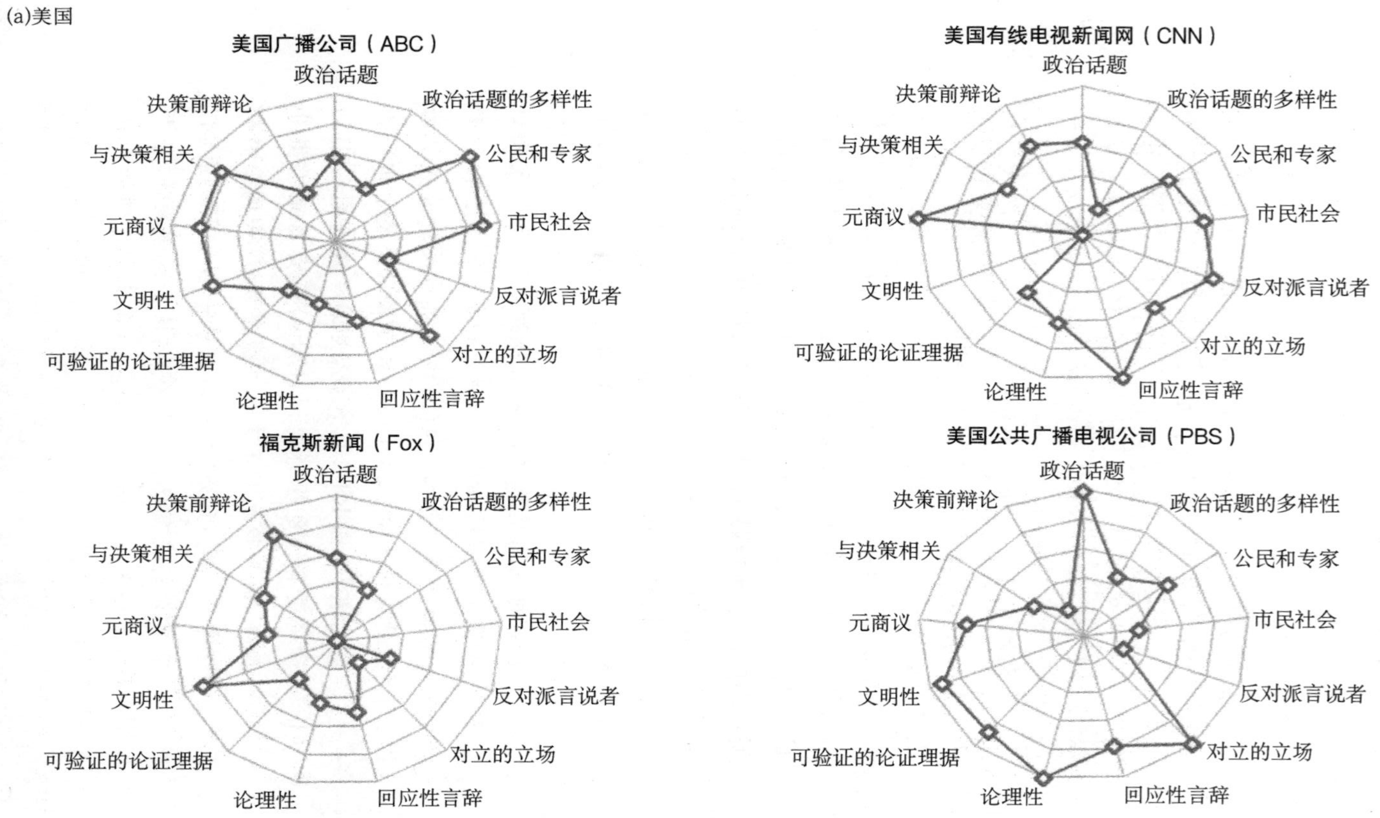

图 5.1　美国、德国和俄罗斯的电视新闻节目的商议性概况

雷达图是根据韦斯勒和林克(Wessler and Rinke，2014)在文中所提供数据绘制的。雷达图中显示的点是原始数据的最小一最大一标准化值；使用的公式是：(原始值一最小值)/(最大一最小值)。如果相应的新闻节目在某一特定标准上的取值为最小值，则该点位于图的中心；最大值位于最外缘。

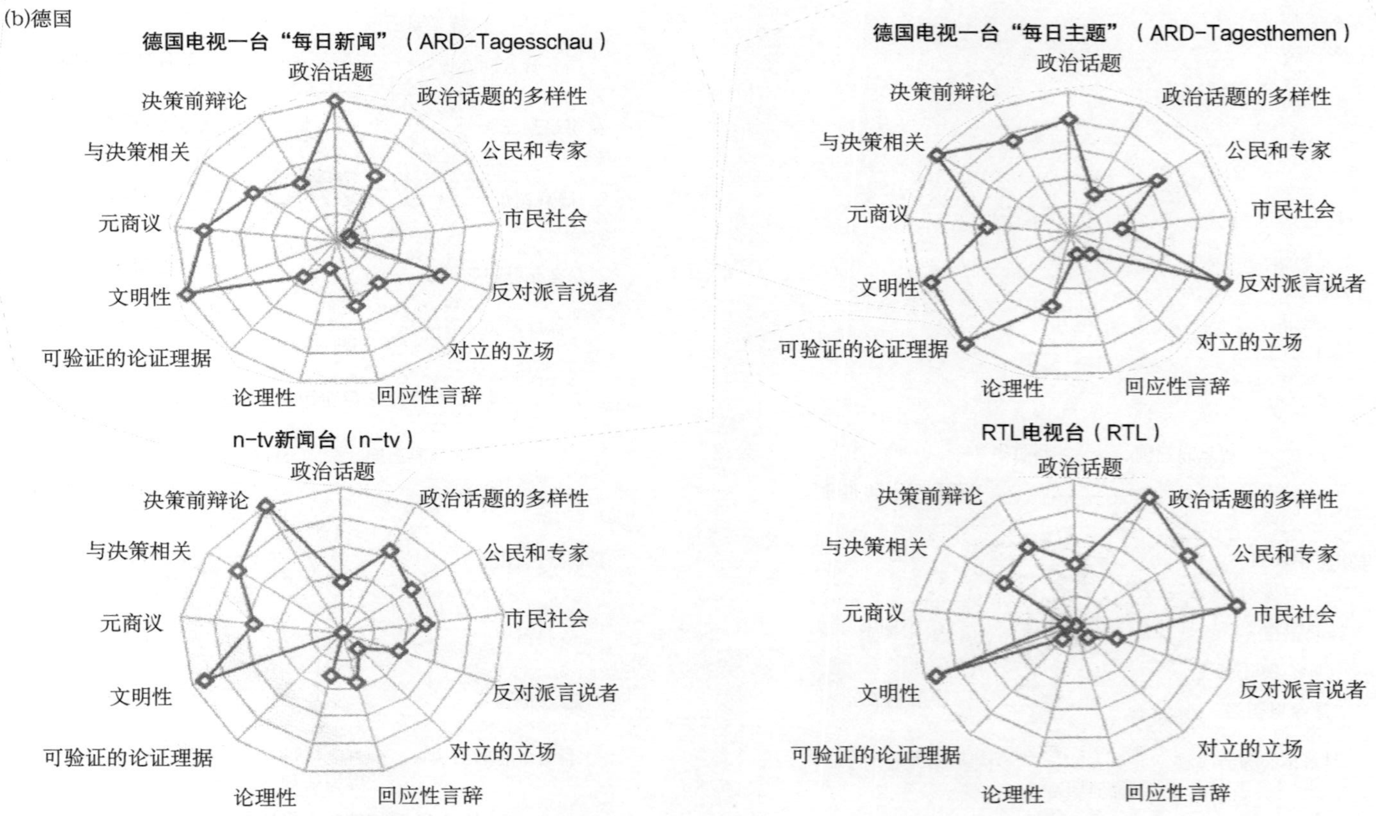
(b)德国
德国电视一台“每日新闻”（ARD-Tagesschau）
政治话题
政治话题的多样性
公民和专家
市民社会
反对派言说者
对立的立场
回应性言辞
论理性
可验证的论证理据
文明性
元商议
与决策相关
决策前辩论
德国电视一台“每日主题”（ARD-Tagesthemen）
政治话题
政治话题的多样性
公民和专家
市民社会
反对派言说者
对立的立场
回应性言辞
论理性
可验证的论证理据
文明性
元商议
与决策相关
决策前辩论
n-tv新闻台（n-tv）
政治话题
政治话题的多样性
公民和专家
市民社会
反对派言说者
对立的立场
回应性言辞
论理性
可验证的论证理据
文明性
元商议
与决策相关
决策前辩论
RTL电视台（RTL）
政治话题
政治话题的多样性
公民和专家
市民社会
反对派言说者
对立的立场
回应性言辞
论理性
可验证的论证理据
文明性
元商议
与决策相关
决策前辩论

图 5.1(续)

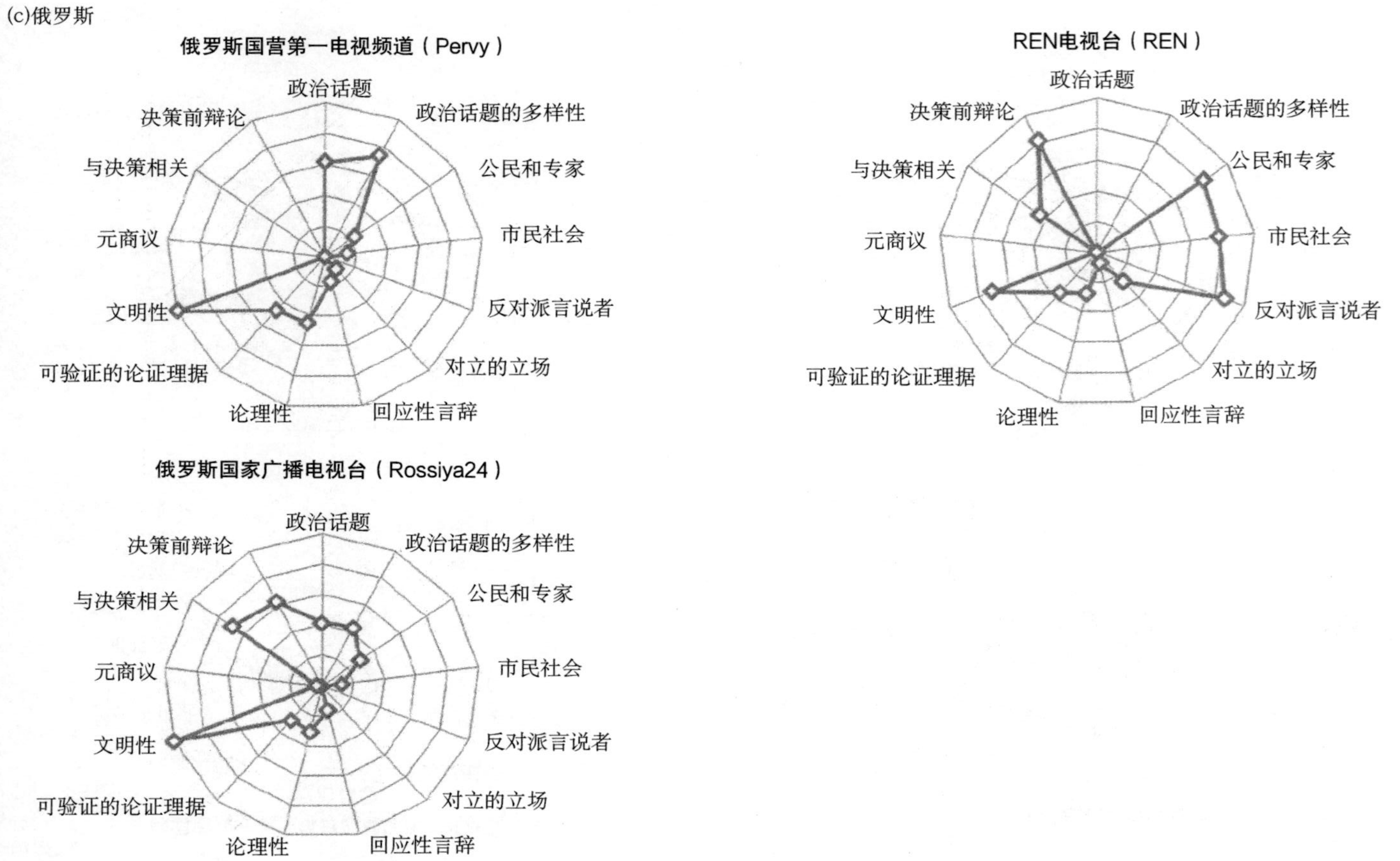
(c)俄罗斯
俄罗斯国营第一电视频道（Pervy）
政治话题
政治话题的多样性
公民和专家
市民社会
反对派言说者
对立的立场
回应性言辞
论理性
可验证的论证理据
文明性
元商议
与决策相关
决策前辩论
REN电视台（REN）
政治话题
政治话题的多样性
公民和专家
市民社会
反对派言说者
对立的立场
回应性言辞
论理性
可验证的论证理据
文明性
元商议
与决策相关
决策前辩论
俄罗斯国家广播电视台（Rossiya24）
政治话题
政治话题的多样性
公民和专家
市民社会
反对派言说者
对立的立场
回应性言辞
论理性
可验证的论证理据
文明性
元商议
与决策相关
决策前辩论

图 5.1（续）

电视台（Rossiya24）］和半自治的商业电视台REN之间存在明显的分野，前者几乎只关注国家代表，后者（在研究时）则会给市民社会和俄罗斯体制中存在的小规模政治反对派提供一些发声机会。

- **回应性**的操作化方式是（a）在同一条新闻中呈现相反的立场，以及（b）直接回应另一行动者或言
论的言辞比例。在电视新闻中，行动者之间确实 99
会彼此互动，但与其他立场的实质性互动很少。美国的电视频道（ABC、CNN和PBS）——显然除了保守倾向的福克斯新闻（Fox News）之外——比德国和俄罗斯的电视新闻更具回应性，这表明在美国的主流电视新闻中，并置和关联对立立场的规范仍然存在。
- **论理性**则聚焦作出宣称的言辞比例，考察它们是否包含（a）支持宣称的任何类型的理由，和（b）原则上可以验证的理由（如经验事实等）。公共服务电视台PBS和ARD以及CNN提供的聚焦、深度的新闻专题节目，而不是福克斯新闻的专题节目，在这方面名列前茅。
- 最后，**文明**程度是通过其对立面来测量的，即含有侮辱性语言或手势的言辞比例。这方面的差异很小。电视新闻总体上都很文明；即使异常值的CNN，也只有2%的不文明言辞。

暂且不考虑各个维度内部呈现的差异，我们可以得出结论，电视新闻话语在包容性和论理性方面得分适中，

在回应性方面得分较低，而在文明性方面得分较高。较之于报纸，电视新闻工作者更偏爱机构行动者，这使得市民社会行动者更难在电视新闻中获得关注。但是在成熟的民主国家，电视新闻中绝不缺少市民社会的声音。作为一种大体上非互动类的节目类型，电视新闻较少呈现行动者之间的直接回应。电视新闻创造出一种精简的、文明的、大体由精英主导的话语类型，它在某种程度上令
100 分歧立场变得透明，但在大多数情况下并不提供回应性互动。因此，一个健康的商议媒体"食谱"必须纳入额外的"菜品"，譬如在线讨论区、博客或微博客，以此推动更具回应性的讨论。我们现在就来谈谈这些媒体。

推　特

推特允许用户发布简短的推文，推文允许的字符限制已经从原来的 140 个字符扩展到了 280 个。这一功能与社交网络组件相结合，用户通过它可以单方面关注其他用户，并因此在他们的推特主页上看到这些用户的（经过算法选择和优先排序的）推文。下面我们来看看推特的一些特征，这些特征决定了推特促进商议交流的潜力水平。

首先，推特用户可以通过使用**标签**（如 # 商议）按主题组织推文；用户也可以搜索标签，然后得到包含该标签的所有推文。在全部推文中，标签提供了用户自发产生的一致性，但有时辩论中的不同阵营会选用不同的标签，因此，有时候一个标签并不能涵盖辩论中全部的立场，而

只能涵盖其中的一部分。其次，在推特上，用户可以在字符限制范围内通过使用@功能直接与特定推特用户展开互动。@功能既可以用来直接称呼、回应另一个用户，也可以提及另一个用户，该用户就可以看到推文。这提供了互动的可能性，或至少让人们知道对方发布了什么信息。推特用户也可以互相发私信，但由于其他用户看不到这些信息，所以它们无法直接支撑公开讨论。第三，除了简短的文字外，推文还可能包含照片或视频，或者可能 101
包含指向互联网上其他资源的链接。这些额外的资源可能对推文起到不同的功用，其中一些可能提供论证理据，例如，有些资源为推文中的主张提供证据支持，或者网站上的长文给出更详尽的论证。最后，推特用户可以选择转发他人的推文。嵌入的转发按钮令转发者的关注者可以看到推文，从而增强了原推文的流通量。但用户也可以选择在转发前对推文进行编辑，例如提及另一个收件人，或将推文链接到其他的标签或资源，或者为了批评该主张（“手动转发”）。转发并不必然意味着是对原始推文的认可。用户也可以通过转发来曝光或嘲笑一条他们反对的推文。推特用户还可以通过点赞来表达认可。

乍看之下，推特的这些功能似乎是促进包容与回应式讨论的理想之选，特别是在普通公民和政治人物之间的讨论，不过，推特的论理性似乎比较有限，因为用户必须点击链接才能查看超过 280 个字以外的支持性材料，而且材料与主张之间的逻辑关系是隐含的。那么，在经验层面，推特交流的商议性如何？

这个问题的答案很复杂，第一，因为对推特的研究很少直接考察其商议质量。许多现有的研究关注的是推特在动员和组织抗议方面的潜力，这当然不能与商议划等号。而在回应性、论理性和文明度等方面，必须改变商议性的测量标准，以适应推特的特殊性。例如，假设一场推
102 特会话包含许多**回应式**的推文，这些推文要么提到其他用户，要么手动转发他人的主张。从表面上看，这显示出高度的商议性。但是，如果在一场特定的讨论中，这些回应性推文大多被极少数具有高度"入度中心性"(indegree centrality)(即吸引了大量直接@他们或者手动转发的推文)的行动者吸纳，它们能够给整场辩论带来的商议裨益只能说是聊胜于无。这样一来，讨论将主要集中在少数有影响力的人身上，而不具有广泛、包容的特征。只有将比例指标(回应性推文)和网络特征适当地结合起来，分析才能更接近哈贝马斯最初的直觉，即公共商议是一个宏观社会的讨论过程。然而，推特的网络结构对这种讨论中真正的对等性施加了严格的限制。与脸书(Facebook)不同的是，推特用户不需要双方的同意，就可以单方面地关注他人。这种内在的不对称性使得许多用户之间的回应性讨论从一开始就不太可能。

第二，**论证理据**以主张的存在为前提。当推文中提出一项主张时，我们可以区分两种类型的论证理据：推文主体给出的内部理据，外部资源链接提供的外部理据。弗里隆的研究(Freelon，2015)表明，内部理据在推特上非常罕见。根据西美波恩、麦克里里和史密斯(Himelboim，McCreery，and Smith，2013)与容赫尔(Jungherr，2014)等人的研究，大约五分之三到三分之二的推文都含有一个

外部链接。然而，这些链接中到底有多少起到了论理的作用，尚不得而知。

最后，推特上的讨论常常表现出特殊的**不文明**行为。例如，通过使用脏话、大写字母或感叹号等表达形式，贬损性评论构成“网络辱骂”(Shephard，2014)。它们类似于线下媒体中的不文明言辞。但有些用户也会参与“引 103
战”(trolling)活动，试图在没有任何系统的实质性贡献的情况下扰乱讨论(Buckels，Trapnell，and Paulhus，2014)，或者“滥发垃圾信息”，即通过散布大量与讨论无关且分散注意力的内容来阻碍交流(Shin，Gupta，and Myers，2011)。通过避免这些交流形式，推特用户或者表现出对其他参与者的尊重，又或者显示出对于公共讨论自身完整性的尊重，因此，推特上的文明性包含这两个方面的要素。

那么，现有的关于推特讨论的研究表明，推特的商议表现水平如何呢？首先，这种讨论确实包含了大量来自政治系统**边缘**的参与者的推文。其所占比重可能在 50% 左右，甚至更高(Ausserhofer and Maireder 2013；Graham et al.，2013；Öncü and Abele，2015)，它们在动员的早期阶段尤其重要(Jackson and Foucault Welles，2016)。然而，大多数来自系统边缘的推文都以转发的形式出现，这削弱了将个体公民积极纳入中介化讨论的希望。推特上的讨论还经常呈指数分布，少数用户发布大量的推文(Tumasjan et al.，2011)并且吸引了其他人的大部分推文(Öncü and Abele，2015)。这种不平等的讨论结构可以抵消许多**回应性**推文(从推文的 10% 到 50% 不等)的好处,因为它意味着网络中的边缘行动者之间联系不那么紧密。此外,推特网络中大量来自政治系统边缘的普通公民和行动者不一定有机会与中心行动者展开实际互动。政治人物使用推特似乎更多的是为了传播其观点和成就,而不是与公民进行有意义的讨论。最近社交
104 机器人在推特上的出现进一步加剧了这一趋势,因为这些机器人会一遍又一遍地自动复制相同的信息。

在 280 个字符的范围内,无法给出多少明确的**论证理据**,因此外部资源至关重要。但到目前为止,推文和外部资源之间可能存在的论理关系尚未得到适当的评估,因此,推特所具有的论理性水平还不明确,但很可能相当低。最后,不同的研究发现推特讨论中的**不文明**程度有所不同,总体低于 15%。在某种程度上,这可能是由于推特采用了过滤算法,删除了一些具有煽动性的帖子和垃圾信息。但跟其他社交媒体平台一样,推特上确实也会出现胡搅蛮缠的言辞或者爆发激烈的争执。

因此,总体情况是好坏参半的:推特让政治边缘和政治中心的行动者之间有可能展开纵向互动,也提供了大众媒体论坛中所没有的直接的回应性互动。另一方面,许多讨论中以精英为中心的网络结构则阻碍了这一潜能的发挥,因为它减少了非中心行动者之间的互动。此外,推特的论理性潜能似乎很低,而与大多数由专业记者中介的内容相比,推特上更经常出现不文明行为。因此,推特的商议交流能力有限。

政治博客

博客是一种网络产品，它按照时间倒序排列各篇文章。博客文章通常比推文要长，可能长达几个段落。大多数博客允许用户评论文章和其他用户的评论。然而，除了这些基本的技术特征外，博客——尤其是政治博客——可能会采取相当不同的机制形式。有些政治博客由专业记者撰写，跟为自己供职的媒体工作不同，他们可 105
以利用自己的博客来表达更为个人化和主观性的内容。另有一些博客是由不属于媒体的学界专家或智库维护的。还有一些是由支持特定事业或候选人的政治行动团体或非政府组织创立的。最后，感兴趣的公民等非专业写作者也会写政治博客。大多数政治博客都是以观点为导向，而非严格基于事实。

政治博客空间在不同国家有明显的不同。它们的发展系于现有的政治传播体系，并且对现有的功能起到补充作用。例如，在美国，政治博客已经属于相对独立于主流媒体和政党传播的重要的政治论争层次（Hyun，2012）。这与其公民直接参与的传统有关，而在欧洲国家，以组织为中介的利益表达文化更为强烈（Hallin and Mancini，2004；Wessler，2008），因此个人博客不那么突出（Eckert，Chadha，and Koliska，2014）。此外，美国的政治博客显示出更明显的左/右分化，政治光谱两侧的博主主要是与志趣相投的人建立联系，而不是参与阵营间的论争（Sunstein，2007）。相反，在德国和英国，政治博客既不那么流行，也没那么大影响力，其两极分化程度也不太强烈（Hyun，2012）。在威权体制背景下，政治博客确实为被排除在国有媒体之外的反对声音提供了机会，但当然，它们的回旋余地和影响力在很大程度上取决于遭遇到的监控和国家检控的程度（Etling et al.，2010a；2010b）。

106 就**包容性**而言，辛德曼的研究（Hindman，2010）显示，在二十世纪九十年代末，博客在美国确实可以被称为“新精英媒体”，因为大多数顶尖的政治博主都在精英机构接受过教育，有些（曾经）是专业记者，都属于社会的特权阶层，而且女性博主寥寥无几。普通人通常构成了阅读量较少的博客长尾。从人口统计学特征看，有影响力的博主与质报撰稿人之间并无太大差别。博主通过多种方式创建**回应性**交流。他们可以在自己的博客中引用其他博主的文章，也可以在其他博客上发表评论，从而与他人观点发生互动（Koop and Jansen，2009）。然而，博客文章中的大多数链接都是博主评论的主流媒体内容。在美国，当博主们提及彼此时，十有八九提到的都是具有相同政治倾向的博客，只有 10%跨越了政治鸿沟（Hargittai，Gallo，and Kane，2008）。这些跨越阵营的引用大多是批评性的，有时是对另一方的嘲笑或讥讽。肖和本克勒（Shaw and Benkler，2012）指出，在美国的顶尖政治博客中，约有 20%以论证型文章为主，并采用实质性的讨论风格。这是在现有文献中发现的对政治博客**论理性**水平最接近的估测。至于**文明性**程度，有迹象表明，至少在我们考虑顶尖博客时，博客的平均文明程度高于推特，但在长尾部分仍有很大的阴影区域。总的来说，政治博客的包容性与推特讨论大体相当，或者稍低一些，但它的论理性程度更高。少数顶尖的政治博主占据主导地位，吸引了博客读者的大部分访问量，这使得博客在讨论结构上和推特一样具有不平等性特征。

结语 107

新闻和讨论媒体的商议性具有哪些优势和劣势呢？当我们回顾表 5.1 时，最具有商议潜能的似乎是传统质报，特别是它们为论证主张和文明交流提供了空间。电视新闻一般也是非常文明的。有趣的是，线上辩论——不论是推特还是博客空间——的不平等结构中存在不少“弱点”，由于缺乏专业的新闻中介，这些讨论可能会强烈地集中在少数占主导地位的言说者身上。这一发现与过于乐观的赛博民主论背道而驰，后者相信人人都可以参与其间。当然，在报纸和电视新闻中，根本看不到用户讨论，这就更糟糕了。此外，由于格式的限制，推特几乎不可能允许言说者以论证的方式来充实和证明其主张。而电视新闻则通常无法构造出对立立场之间的实质性互动。

当然，人们可以说，电视新闻的目的不是为了模仿脱口秀，而推特这样的微博客平台也不是为长篇大论而设计的。这当然没错。但是，我们仍然有必要审视不同媒体论坛的优势和劣势，看它们在多大程度上实现了哈贝马斯的商议理想。在此过程中，我们可以摒弃一些迷思。

其中一个迷思是，网络媒体通常比大众媒体更适合商议民主。当我们观察它们的实际运作——而不仅仅是看其技术潜力——其弱点就会变得很明显，尽管它们在某些次级层面上具有优势。令人惊讶的是，在此处分析的媒体中，最古老的质报具有最强的商议潜能。因此，难怪哈
108 贝马斯在他的理论著作及其作为一个公共知识分子的亲身参与实践中，都偏爱质报。在许多成熟的民主国家中，媒体使用正在从高质量的日报和周报转向由社交媒体引发的政治信息个性化菜单，中介化商议交流的前景似乎很暗淡，或者，更积极地说，我们需要拓展商议想象力，让高质量新闻业的分析性与线上和社交媒体推动的包容性交流协同起来。

推荐阅读

Freelon, D. (2015)"Discourse architecture, ideology, and democratic norms in online political discussion," *New Media & Society*, 17(5), pp. 772-91.

Mutz, D. C. (2015) *In-your-face-politics: The consequences of uncivil media*. Princeton University Press, Princeton, NJ.

Wessler, H. and Rinke, E. M. (2014) "Deliberative performance of television news in three types of democracy: Insights from the United States, Germany, and Russia," *Journal of Communication*, 64(5), pp. 827-51.

第六章 非商议性媒介话语

商议式的交流通常嵌入非商议性 109
的媒介话语中。有人会说“嵌入”一词过于委婉，商议内容实际上淹没在大众和网络媒体的所有其他内容中。无论我们倾向于哪种解释，媒体中真正的商议式沟通和非商议性内容之间肯定存在着紧张关系。当我们分析媒体时，这种紧张关系可以从两个方向得到解决。其一，我们可以只聚焦那些我们能找到的真正具有商议性的内容，而从规范上抛弃其他一切媒体内容。但这将使得经验分析的对象所剩无几，而且与人们实际的媒体菜单相去甚远。又或者，我们可以将非商议形式纳入媒介分析中，并不断寻找其商议裨益。这正是我在本章中将要遵循的路线。

哈贝马斯在其自己的著作中，并没有过多地关注非商议性的中介化沟通以及更为广泛的文化生产情境。他
的主要关注点显然在于为商议式沟通 110
提供一个普遍性基础。在他看来，商议式沟通是原型意义上的沟通形式，基于我们在日常交流中经常做出的反事实预设，即有关真实性、道德正确性和真诚性的有效性宣称。哈贝马斯本

人既没有把大众媒体或网络媒体看作沟通交流的场域，探讨其商议性程度，也没有研究它们之于社会学习过程的意义。正如第三章所述，他满足于将媒体视为公民和正式政治机构中意见和意愿形成过程的宏观背景。

然而，在考察媒体及其产物的宏观背景时，他也没有详细研究那些无处不在的非商议式媒介话语，尽管他承认沟通存在表达与审美等方面（Habermas，1984，23）。因此，哈贝马斯的作品并未对系统分析文化产品和趋势以及与之相关的社会学习过程做出很大的直接贡献。但是，如果他的理论要对媒介和传播研究产生持续的影响，这个缺失的环节就不能再被忽视了。因此，本着哈贝马斯的研究精神，我们应该问：

- 在公共空间中，非商议性媒介话语如何有助于为真正的社会讨论开辟空间？
- 哪些形式的非商议性媒介话语有利于这种真正的讨论？哪些不利于这种讨论？
- 非商议性媒介话语能以何种方式促进集体学习过程？

111 这些问题为富有成效且激动人心的媒介分析开辟了一个全新的领域，与现有研究相比，它可以更充分地把握媒体的民主潜能。商议民主可以被视为集体学习的大规模背景，因而非商议性媒介话语的民主潜能在于推动全社会的讨论与学习。

在考量非商议性沟通和媒体的贡献时，可以区分出两个层面。在公共空间内个人沟通行为的层面上，我们可以看到，非商议的表达形式已牢牢融入更具商议性的交流。例如，杨（Young，2000）提议将“致意”（公开承认某人是会话的一部分）、修辞（使用语言和非语言手段在受众中产生影响）以及个人化、自我展示型叙事视为商议的必要元素。根据杨的观点，致意、修辞和叙事并没有削弱商议的民主潜能，反而是增强了这种潜能。我们稍后会再来讨论这个论点。

但除此之外，还存在第二个分析层次，包括针对社会世界的广泛的沟通取向。它们跨越了不同的大众媒体和网络媒体论坛，并且既可以促进也可以抑制真正的讨论和社会学习。我们将在此重点讨论其中的三种路径。

一是讽刺，它体现了一种与社会世界之间**不乏幽默又富有批判性**的关系，特别是当它取笑或讽刺它认为是愚蠢、自相矛盾或不道德的行为时，尤其如此。二是中介化抗议行动，它**直接而明确地反抗**不公正的、破坏性的社会结构与关系。“阿拉伯之春”、占领华尔街抗议活动和其他社会运动都证明了一个事实，即抗议行动中充斥着媒体活动。三是中介化公共仪式，它旨在通过表演制造
出一个可以想象的替代世界，从而**象征性地修复**被破坏 112
或脱轨的社会关系。我们将以 2015 年 1 月法国讽刺杂志《查理周刊》（*Charlie Hebdo*）遭遇致命袭击后的公众反应为例来说明这一点。

媒体中或多或少的商议性交流也被其他形式的文化生产所环绕，无论中介化与否，政治性强弱，它们都可能在全社会的公共讨论中发挥支持性作用。其中最主要的例子包括虚构影视剧、流行音乐、文学、戏剧以及其他视觉和表演艺术。为了保持论证的可控性，我们不会在这

里更详细地讨论这一更广泛的文化背景(关于这个方向的尝试,参见 McGuigan,2005),而是一方面关注个体言辞的层次,另一方面关注媒介话语中广泛的沟通方式。

哪些商议裨益?

对于哈贝马斯式的媒介分析者来说,挑战在于显示非商议性媒介话语的哪些特定元素或特征有利于真正的社会讨论,也就是有利于在识别和处理集体问题时交流思想和论点。然而,非商议性沟通可以对真正讨论和社会学习的不同方面做出贡献。我们必须首先厘清这些方面(相关的重要基础性研究,参见 Gastil,2008;Kanra,2012)。以下列出了非商议性媒介话语的可能贡献,根据内容特点,这些贡献可以单独出现或同时发生。

1.引起注意,提起兴趣:在公共空间促进更多商议式
113 交流的最基本步骤,在于使言说者和/或听众意识到特定问题或议题的存在,并引起他们的兴趣。慷慨激昂的雄辩和抗议行动都有助于实现这一功能。

2.补充视角,提升包容性:不论是个人叙事,还是抗议,似乎都很适合让那些在中介化传播中可能被忽视的人、经验和观点发声。

3.增强社会纽带,展现团结精神:公开认可其他参与者,即使他们是对手(“致意”),不管是个人叙事,抗议行动,还是公共仪式,凡此种种,都能以其特定的方式加强社会凝聚力,从而有助于在参与者之间建立信任。

4.突出价值观,促进规范层面的问题化:个人叙事可

以将个体经历与一般价值观联系起来；讽刺和政治笑话能够抵制和揭穿非法权威；抗议活动则可以通过调用价值观来反对压制、不公正或排斥做法。

5.提供论点和论证理据：无论是政治讽刺还是中介化抗议，都可以发挥商议的这一核心功能——公开交换理由，因为这些话语形式往往提供了可以在商议交流中进一步阐述的原始论点。

6.提供解决办法，构想替代方案：中介化抗议和某些形式的公共仪式最能够支撑这一富有创造力的商议功能，因为这些话语可以释放出可能的、想象中的世界。

每种非商议沟通形式都应该对照这一可能贡献的清单进行评估，以确定每种形式对个人行为或中介化公共 *114*
讨论的社会模式所能做出的独特贡献。

致意、修辞和个人叙事

有几位研究者描述了非商议式沟通对中介化讨论所能起到的生产性和支持性作用。詹姆斯·博曼（James Bohman，1996）展示了社会批评家如何通过他所说的“披露”来引发公共商议过程。披露性沟通不仅可以引入新的主题，它还为看待事物开辟了新的可能性，从而对根深蒂固的解释模式形成挑战，这些模式已然僵化，因此不再能满足大多数商议者。披露也开辟了新的对话可能性，因为它们“不是自我辩解或自我验证，而是需要公众反思以检测其独特性。然而，这些同样的测试也构造出新的对立统一，一侧是公众对新的民主形式的验证、另一侧是年长公众及稳定机构的抵制；一侧是旧的公共权力、另一侧是新的公共权力”(Bohman,1996,229)。依托以下方式，社会批评家经常能够实现披露性沟通令人称奇的效果：

> 笑话、讽刺、讲故事和其他间接的沟通形式，它们的共同点不在于作了某种宣称——比如说，对真实性或正确性的宣称——而在于它们让听者以新的方式看待事物，选取不同的视角，或者改变态度。这些沟通形式不是被单纯地接受，而是被尝试和采纳，在考虑它们的时候，听者会开启一种新的相关性模式——打开
> 115 新视角，借以判定何为潜在的好理由。(Bohman,1996,225 脚注)

艾里斯·杨(Iris Marion Young,2000)围绕致意、修辞和个人叙事对促进政治传播的积极功能提出三点论述，阐述了上述效果(关于相关争议的概括，参见 Maia,2012,13-24)。表 6.1 总结了这三种沟通形式的主要商议贡献。

致意意味着公开承认他人是讨论的一部分，从而对相互关系承担责任。“这种致意的政治功能是维护话语平等，建立或重建必要的信任，以便真诚地展开讨论”(Young,2000,60)。这意味着致意是商议的先决条件，因为如果不承认受言说者意见和理由影响的人是讨论伙伴的话，交换理由就变得毫无意义。“缺乏这种致意的一个

迹象是，在整个大众社会中，公共讨论只以第三人称指代个人或社会阶层，而从不用第二人称称呼他们”（Young, 2000, 62）。在媒介话语中，这可能表现为，在脱口秀讨论中纳入那些受到问题影响的人，或者在线上讨论中表示愿意倾听他们的意见。因此，致意在某种程度上支持了表 6.1 中的功能（3），因为它加强了受影响者和讨论问题者之间的社会联系。

表 6.1　非商议性话语潜在的商议裨益

	致意（公开承认）	修辞	个人叙事
（1）注意力和兴趣			
（2）其他视角、包容性			
（3）社会纽带、团结精神			
（4）价值观、规范层面的问题化			
（5）论点、论证理据			
（6）解决办法、富有想象力的替代方案			

根据杨的观点（Young, 2000, 65），**修辞**是所有话语都拥有的一套属性。它包括话语的情感基调、比喻性言语（隐喻、双关语等）的运用、非语言形式的表达策略（视觉、标语等），以及面向特定受众的偏好提出主张和论点等。
杨指出，修辞对商议具有三项显著的积极功能。首先，修 *116*
辞可以引起人们对被忽视或压制的议题或群体的关注（表 6.1 的功能（1））。其次，“修辞通过调用或创造特定的内涵、符号和承诺来构建言说者、受众和场合。通过修辞，我们以适合于言说所面向的特定场景和受众的方式构建我们的立场和信息"(Young,2000,68 脚注)。这可以理解为有助于在会话中纳入特定的群体和亚文化[类似于表 6.1 的功能(2)]。第三,"修辞具有情景化、形象化和情感化吸引力,使政治判断有可能从思考转变为承诺行动"(Young,2000,69)。这种动机性贡献关系到商议的后果或外部效果,虽然在此并不直接相关,但对于社会行动至关重要。

117 尽管有这些积极贡献,但哈贝马斯仍认为修辞具有一副"贾纳斯面孔"[①](Janus face)。它在"新词汇揭示世界的力量"(如博曼所说)和"暗示性及带有情感色彩的隐喻的约束性和操纵性效果"(Habermas,2009b,151)之间摇摆不定。钱伯斯(Chambers,2009)通过区分商议性修辞和平民化修辞,令人信服地阐述了这副贾纳斯面孔。"商议性修辞使人们思考,令人们以新的方式看待事物,传递信息和知识,并使人们更具反思性……它应该激发积极的推理和深思熟虑,而不是未经反思的触发与直觉反应"(Chambers,2009,335)。另一方面,"当竞选活动空洞无味,当选民得不到任何信息,当媒体只报道竞选策略而非方针政策,当政客们为了当选口不择言,以及最后也是最重要的是,当受众,也就是公民,处于被动状态,平民化的修辞就会占据上风"(Chambers,2009,337)。平民化修辞有两种主要形式:迎合(即政客只告诉公民他们想听的,而不去试图说服他们)以及启动(即精心设计信息以获得支持,同样没有与公民进行实质性互动)。从哈贝马

① 贾纳斯,又作雅努斯,是罗马神话中开端、门道、选择、过渡相关的神。他通常被描述成有前后两张面孔,展望着过去和未来。—— 译者注

斯式的角度来看，我们不应该对修辞照单全收，而应该评估它们是否能引起听者的反思，引导他们思考自己的真实偏好及背后的原因。

对于杨提出的第三种非商议性话语成分，个人化、自我展示型**叙事**（也见 Boswell，2013），我们也需要采取类似的区分式的态度。在个人叙事中，经历可以得到表达，但无法轻易转译为论点。这可能是因为社会普遍缺乏一种语言来命名这种经验，二十世纪七十年代之前的性骚扰就是如此。或者是因为特定的言说者——譬如某些弱 *118*
势群体——不具备论证性话语所需的能力。又或者是因为在大型的多元社会中，一个群体无法接触另一个群体的生活世界和经验，因而陷入偏见和错误的假设之中（Young，2000，74）。在这些情况下，个人经验叙事可以作为一剂解药：(a) 增加公共讨论的视角[表 6.1 中的功能(2)]；(b)在具有相同经历的人之间建立社会纽带；(c)促进参与者转换视角和移情[表中功能(3)的两个要素]，这些参与者不曾受到相关经历的影响，而是通过叙事接触这些经历。此外，转换视角也延伸到价值观领域[表中功能(4)]。“价值观与规范不同，往往不能通过论点来证明。但它们也不是武断的。它们的基础往往源自个人或群体情境化的叙事。通过叙事，局外人可能会理解为什么局内人看重他们所看重的东西，为什么他们有自己的轻重缓急”（Young，2000，75）。

讽刺、中介化抗议和公共仪式

讽刺、抗议和公共仪式分别体现了对感知的社会世界的颠覆、对抗和修复。尽管方式不同，但三者都是跨媒介现象。政治讽刺作品是电视上流行的节目元素，尤其常以新闻模仿秀的形式出现，不过网络上也充斥着讽刺性表达和政治笑话，主要以模因的形式存在。尽管传统媒体报道对于在全社会范围内传播抗议信息仍然很重要（Rinke and Röder，2011），但现如今抗议活动在很大程度上依赖网络媒体，催生出一些通过“连结行动”而实现的新的动员形式（Bennett and Segerberg，2013）。同样，中
119 介化公共仪式源自丹尼尔·戴扬（Daniel Dayan）和伊莱休·卡茨（Elihu Katz，1992）最初构想的庆典式“媒介事件”这一电视体裁，如今已经发展为一种混杂产品，经常交织着现场直播、专业报道和社交媒体的狂热与辩论。表 6.2 总结了这三种形式对于推动全社会的讨论和学习可能做出的贡献。

表 6.2　非商议性媒介内容潜在的商议裨益

	讽刺作品	中介化抗议	中介化公共仪式
(1)注意力和兴趣	■	■	
(2)其他视角、包容性		■	■
(3)社会纽带、团结精神		■	■
(4)价值观、规范层面的问题化	■	■	
(5)论点、论证理据	■	■	
(6)解决办法、富有想象力的替代方案		■	■

讽刺

“讽刺能干什么？——任何事情”，德国记者兼讽刺作家库尔特·图霍尔斯基(Kurt Tucholsky)在其1919年1月27日为自由派报纸《柏林日报》(*Berliner Tageblatt*)撰写的文章中发出这一感叹。在这篇文章(他在其中使用了笔名Ignaz Wrobel)以及他的全部作品中，图霍尔斯基与一战后德国过于怯懦和顺从的公共文化作斗争。“当有人开了个精彩的玩笑，半数德国人都坐在沙
发上火冒三丈。”[①]这有力地提醒我们，要想使讽刺作品发 120
挥良好的作用，需要一个不受控制和宽容的公共空间——但这个公共空间也不能漠不关心或无动于衷，以免讽刺性挑衅显得枯燥乏味。

讽刺作品形形色色。霍拉特式(Horatian)的讽刺比尤文纳利式(Juvenalian)的讽刺更令人感到愉悦、轻松和有趣，后者有时充满苦涩、愤怒和挑衅意味(见Holbert et al.,2011)。图霍尔斯基本人再次以Ignaz Wrobel为笔名，在1931年的进步主义周刊《世界报》(*Die Weltbühne*)上写道：“士兵是杀人犯。”这也成为展示尤文纳利式锋芒的一个尤为知名的例子。图霍尔斯基在一战期间曾服役于德国军队，此后成为一名坚定的和平主义者，同时也是一位极具才华的尤文纳利式讽刺作家。图霍尔斯基这一反军国主义口号被许多人视为无法容忍的挑衅，并因为《世界报》的编辑卡尔·冯·奥西茨基(Carl von

---

① “Wenn einer bei uns einen guten Witz macht, dann sitzt halb Deutschland auf dem Sofa und nimmt übel”(Wrobel 1919；作者的翻译).

Ossietzky)允许其发表,而对后者提起诉讼。幸运的是,奥西茨基被无罪释放,因为陪审团认为,这句话并没有侮辱特定的人,而只是恶搞了——用奥西茨基的话来说——邪恶的战争”。陪审团的这一裁决证明这样一个事实,即在二十世纪二十年代的德国,的确发展出一种不那么拘泥于权威和怯懦的公共文化,然而,这种文化被1933年开始的纳粹运动所摧毁。直到二十世纪六十年代,它才在德国重新出现。

这个例子表明,尤文纳利式讽刺曾经并且仍然是生气勃勃且宽容的公共话语中的一个重要元素。然而,在今天这个娱乐饱和的中介化公共空间中,更轻松的霍拉特式讽刺似乎占据了上风。事实上,用来区分霍拉特式讽刺或一般意义上的讽刺和纯粹的娱乐性喜剧的界限似乎正在变得模糊(Kleinen-von Königslöw and Keel, 2012)。尽管如此,我们将在这里集中讨论那些保留了对社会世界批判的讽刺形式。

121 那么,讽刺对真正的社会讨论到底有何贡献?无论是霍拉特式的还是尤文纳利式的,讽刺的力量都在于规范层面的问题化[表6.2中的功能(4)]。通过使用嘲讽,人类的谬误和更严重的不当行为因与讽刺对象自称的价值观或常识性道德相抵触,而被揭露和嘲弄(参见Holbert,2013)。正如伯恩哈德·彼得斯(Bernhard Peters)所说,漫画、讽刺、反讽和夸张“作为一种挖苦,苦涩真相的中介,或者作为启示,可以充当批判性公共空间的有效工具。这种批评含蓄地利用了论证基础——但它们依赖于向话语领域的转移”(Peters,2008a,144)。彼得斯认为讽刺形式中重要的论证基础(即便是隐藏的)是自我宣称或理所当然的价值观与实际行为或社会条件的并置。但媒体辩论必须发掘出讽刺这种潜在的论证潜能,以便将公共讨论从规范层面的问题化转向实际的辩论和论证[表 6.2 的功能(5)]。批评者可能感到欣慰的是,某些形式的讽刺作品所包含的有关政治过程的实质性信息,与主流新闻节目不相上下。(Fox,Koloen,and Sahin,2007)。

与价值观和论证相比,总体而言,讽刺不大可能纳入未被倾听的观点、建立社会纽带和提出解决方案[分别为表 6.2 的功能(2)、(3)和(6)]。讽刺作品中发出的声音,尤其是在更有趣的霍拉特式讽刺作品中,往往与常识和日常道德有关,而非关乎特定的边缘群体或异见。因此,与社会运动的抗议行动相比,讽刺对包容性的贡献要更小。至于社会纽带,有些人认为,某些形式的讽刺作品,如前面提到的广受欢迎的新闻模仿秀,往往会破坏而不 122
是培养相互承诺之感,因为它们散布的是政治犬儒主义(Hart,2013; Hart and Hartelius,2007)。讽刺在很大程度上是“消极的”:它通过让人发笑或制造愤怒来进行批评。其作用很少是建设性的或以解决方案为导向的——至少比社会运动、智库甚至新闻评论员在这方面的作用要小得多。相比之下,讽刺可以引发人们对问题的关注,特别是对那些不经常关注新闻的人来说更是如此。此外,讽刺也可以平衡主流媒体系统中被遗漏和扭曲的信息(Bennett,2007)。通过选择一项议题,并创造警句或强有力的视觉呈现来使该议题问题化,讽刺可以让个体关切从稳定的信息流中跳出来，获得更大的关注[表 6.2 的功能(1)]。

中介化抗议

按照定义，抗议难道不是对抗行为的原型吗？它与商议有何关系？毕竟，活动家、抗议者单方面要求自己的对手做出改变，后者通常包括国家政府、大型企业或跨国机构。为了让别人听到他们的要求，他们会采取象征性或表演性的行动，从使用挑衅性横幅和口号到公民不服从再到诉诸暴力。的确，抗议情境下，主要的界线位于抗议者与其对手之间，并且一般来说，在两个阵营之间不可能有任何商议立场。所谓抗议，是为了对抗或扰乱制度化的权力。但细察之下，中介化抗议事件和运动的确有助于促成真正的辩论，对内推动抗议者之间的讨论，对外激发新闻媒体及决策者之间的讨论。

123 闵成宰着眼于抗议阵营的内部商议(Min,2015)，他根据自己对美国“占领华尔街”(Occupy Wall Street)抗议活动的参与式观察，提供了一个生动的例子。在运动的“大会”上，参与者“沉迷于参与式民主的程序性理想。就好像他们从尤尔根·哈贝马斯有关沟通行动和商议的大量成果中淘出一个剧本，将苛刻的理论付诸实践”(Min,2015,74)。他们使用“人肉麦克风”技术，在百人以上的大群体中展开讨论，逐字逐句地集体重复个人的贡献，从而迫使参与者说出他们有时不认可的想法。“我**不得不**口头重复我不赞成的事情。然而，与此同时，也正是在那一刻我感到与这个群体产生了共同的联结。这些运用人肉麦克风展开的极其缓慢的言语行为使讨论者更具有反身性,有助于他们判定自己的身份,并仔细评估他人的论点”(Min,2015,78)。这一描述清楚地说明了如何在参与者之间建立社会纽带,并通过仔细聆听他们最初不同意的论点来参与真正的论证讨论[表 6.2 中的功能(3)和(5)]。闵成宰还认为,“占领华尔街”抗议在更广泛的意义上成为民主应该如何运作的象征,成为提供规范导向、激励和维持基层民主倡议的榜样。因此,抗议也有助于想象现存政治常规的替代性方案[表 6.2 中的功能(6)]。

除了这种内部的商议裨益之外,在有利条件下,抗议还可以激发新闻媒体和决策机构的外部讨论。首先,它可以将被忽视的议题和禁忌推上媒体议程,就此将其带入公民和当政者的议程(Habermas,1996,381ff.; Min,2015)[表 6.2 中的功能(1)]。抗议活动挑战和质疑各类 *124*
排斥常规,使被排斥者的要求变得可见和可闻[表 6.2 中的功能(2)和(4)]。它还可以吸引更多与抗议行动没有直接关系的行动者,如专家、知识分子或市民社会团体,就抗议者提出的议题发表意见,从而形成更广泛的社会辩论,有时甚至会在一段时间内主导社会的议题议程。

在有利条件下,抗议活动也可能引发抗议者所挑战的掌权者们展开真正的讨论。政府代表可以决定听取抗议者的一些要求,与他们建立真正的对话,就其提议的优劣进行讨论,这些对话或直接展开,或以接受电视采访等媒体公告的形式完成(Mendonça and Ercan,2015)。当然,政府的这种让步也可能只是为了转移压力,然后让事情照常运转下去,只不过这一切都不是自动的。政府和政治反对派也可能进入有关政策变化的制度性商议，议会反对派有时会响应抗议者的呼吁，并将他们的要求转化为具体的法律规定或公共资金的分配建议。这种后续的制度性商议的商议性取决于特定语境下政治话语文化的长期特征（Peters，2008a，246；Hepp and Wessler，2009），以及抗议活动所创造的短期话语机会结构（Ferree et al.，2002）。它们共同激励（或抑制）政治行动者与对手进行对话。当然，中介化抗议能否成功引起有利的社会讨论，从而导致实际的政治变革，具有高度偶然性。但就其本身而言，抗议活动似乎在表 6.2 强调的所有方面都对社会讨论具有很大影响。

125 中介化公共仪式

2015 年 1 月 7 日，恐怖分子在巴黎对讽刺杂志《查理周刊》编辑部、一家犹太超市和执法人员发动了一场致命袭击。这次事件在法国乃至世界各地掀起一股震惊、愤怒和团结的浪潮。“我是查理”（Je suis Charlie）成为大型示威游行和报纸社论的口号，并被许多用户用作推特标签和脸书的个人头像。（袭击事件发生后几天，凶手在一次警方行动中被击毙，但法国的恐怖活动并未结束。2015 年 11 月 13 日，多个恐怖组织在巴黎同时发起恐怖袭击，杀害了 130 人。2016 年 7 月 14 日在尼斯发生的恐袭则造成 86 人丧生。）

《查理周刊》袭击事件发生后，2015 年 1 月 7 日晚及随后几天，巴黎和其他许多城市都出现了自发的哀悼和声援示威活动。其中规模最大的一场当属 1 月 11 日周日的“共和游行”(Republican March),当天有 150 万人走上巴黎街头。作为“共和游行”的一部分,法国总统弗朗索瓦·奥朗德(François Hollande)邀请了来自世界各地的 44 位国家元首或政府首脑公开亮相。像奥朗德所明确希望的那样,马里总统易卜拉欣·布巴卡尔·凯塔(Ibrahim Boubacar Keïta)走在他的右手边,德国总理安格拉·默克尔(Angela Merkel)走在他的左手边。以色列等几个国家的高级官员也出席了游行。出于安全原因,各国首脑们的游行是在一条辅路上进行并拍摄的,但许多媒体都将其呈现为公民大游行的一部分。这种默契甚至是不正确的蒙太奇,后来受到一些媒体评论家的指责。但它的出现表明,政府官员和主流媒体合作,发出了一个跨越信仰的团结信号——这场公共仪式生动体现了戴扬 126
和卡茨(Dayan and Katz,1992)的整合式媒介事件理论。在参与游行的元首和官员中,有好几位来自不尊重言论自由(《查理周刊》已成为言论自由的象征)甚至迫害独立记者的国家,这遭到人权组织“记者无国界”(Reporters Without Borders)和《查理周刊》漫画家们的批评。

这一切与真正的社会讨论有什么关系?我们又能从《查理周刊》的个案中为哈贝马斯的商议理论汲取些什么?[①] 毕竟,许多人对袭击事件的受害者和幸存者的认同(“我是查理”)并不构成严格意义上的论证参与。然而,从商议的角度来看,这种团结一致的普遍性展现应被视为危机后进行更真诚讨论的前提条件。像“共和游行”这

---

① 以下段落部分基于韦斯勒、林克和勒布(Wessler,Rinke,and Löb,2016)所写一文。

样的中介化公共仪式可以促进不同宗教之间的包容，从而加强阵营间商议所必需的社会纽带[表 6.2 中的功能(2)和(3)]。它们还可能通过集体自我效能感的体验，来帮助减轻对袭击事件作出歇斯底里反应的危险。这种体验有助于克服震惊，有可能激发公众讨论恐袭的原因和预防恐袭的新方法[表 6.2 中的功能(6)]。从商议的角度来看，我们还有望看到，在这样的恐吓危机后所常见的公民权利的缩减，可以在这种集体自我效能感的基础上保持开放，留待日后进行修正。然而就法国而言，这一希望落空了，因为 2015 年 11 月和 2016 年 7 月发生的更为野蛮的袭击事件，导致法国长期处于紧急状态，直到很久之后才局部解除。因此，公共讨论的长期轨迹取决于外部
127 事件和策略行动，无法通过公共仪式来预见或预先确定。

此外，公共仪式也有一定的危险性。在《查理周刊》的案例中，公众团结实际上意味着为一种可能造成分裂的世俗主义(laïcité)形式摇旗呐喊，在法国的政治文化中，这种世俗主义有着特殊的根源。《查理周刊》当然不是一份右翼的种族主义出版物，但其世俗主义特征与反教权主义紧密相连，并强烈主张渎神的权利。幸免于难的《查理周刊》漫画家鲁兹(Rénald Luzier)解释说，打破禁忌和粉碎符号一直是查理的宗旨，其目标包括所有一神教的符号，即基督教、犹太教和伊斯兰教。[1] 鲁兹还希望自己的漫画能够重获“不负责任”的自由，即不必对那些具有“不同幽默感”的人的反应承担责任。在袭击事件

① 出自 Vice 新闻(Vice News)2015 年 1 月 31 日的采访，获自 YouTube。

一周年之际,《查理周刊》于 2016 年 1 月 6 日发表了一期特刊。其扉页上显示,上帝正在仓皇逃遁,他的长袍上沾有血迹,背上还背着一把机关枪。标题写道:《一年之后:凶手仍然在逃》。《查理周刊》仍然主张渎神的权利,因此已成为不受限制的自由表达权和推定的“冒犯权”的象征。

从商议的角度来看,这种世俗主义——以及通过“我是查理”对其实现的大众认同——危害了世俗和宗教团体之间跨阵营的商议。哈贝马斯(2006b)赋予宗教在公共空间的积极作用,因为宗教可以作为世俗社会无法获得的道德直觉的来源,从而丰富公共话语。当然,哈贝马斯绝不会容忍对表达自由的任何法律限制,但很明显,要使真正的讨论蓬勃发展,就需要在集体自愿的约束下行使这一权利。商议理论如何帮助克服这一看似矛盾的 128
问题?

此处有两个论点特别重要,一个回到讽刺对商议的作用,另一个则与“元商议”(meta-deliberation)有关。首先,《查理周刊》的漫画经常指出宗教在实践或工具化方面的问题。倘若明言,这种规范层面的问题化可以同时成为公共讨论的重要论证资源[表 6.2 中的功能(4)和(5)]。其形式上潜在的冒犯性不应成为完全忽视其内容的借口。其次,将潜在论证转移至明确的讨论领域的过程,应该伴有健康的元商议,即围绕公共辩论的背景和规则展开明确的讨论。与其毫不含糊地赞美法式的世俗主义,不如解释和反思法国传统中的世俗主义,并将其与其他不那么激进的世俗主义类型联系起来看待(Göle,

2010)。除了提供背景之外,元商议还有助于公开反思讨论的规则,其立足点在于平衡表达自由和商议性自我约束。一个典型的例子是,2015年5月,约有200名笔会成员抗议美国笔会(PEN)将“表达自由勇气奖”授予《查理周刊》(Schuessler,2015)。[①] 通过这样的公开讨论,元商议可以成为持续民主创新的重要来源(Fung,2012),它可以产生一个多元化的商议系统,允许人们就如何在必要时改变宗教—世俗制度进行集体思考。

总而言之,《查理周刊》事件凸显了中介化危机的商议潜能,即有机会象征性地划定包容性边界以捍卫核心
129 价值观,并促进跨越深层分歧的实质性的温和辩论。至于在何种程度上,哪种类型的媒体在何种政治话语文化中能够成功地发挥这些规范功能,则是经验性问题。但《查理周刊》的案例提醒我们,中介化公共讨论在某些条件下可以寻求真相并增进尊重。这一案例还表明,想要创造健康的民主论争,单单坚持表达自由的权利是不够的。自愿的自我约束并不等同于审查或懦弱。反过来说,如果固守推定的“不受冒犯的权利”,这只是意味着一味尊崇自己的敏感性,无视包裹在挑衅甚至冒犯性批评中的论证内核,恐怕也是不够的。无论如何,《查理周刊》事件有力地提醒了人们,公开展示团结互助和阵营统一,可以在产生尊重和倾听意愿方面发挥重要作用。

---

① 美国笔会(PEN America)成立于1922年,是国际笔会(PEN International)最大的区域分支机构,也是美国最大的非营利性文化组织之一,总部设在纽约。它致力于推进文学发展,保护自由言论以及扶助国际文学社团。——译者注

结 语

受哈贝马斯启发，在本章中，我提出了一种媒介分析
方式，系统评估了非商议性传播和媒介内容对促进真正
的全社会讨论的贡献。这把我们的分析注意力转移到了
将非商议性传播的特征明确地与宏观商议过程的特定要
素联系起来。这种非商议性媒介话语的分析方法蕴含着
对于商议民主的特定理解，它不局限于媒体狭隘的信息
功能，也不局限于在全社会组织开展小群体商议论坛。
相反，商议民主被视为一场大规模讨论和社会学习的实
验，正如彼得斯(Peters，2008c，237)所说，它关乎“知识和
文化创新以及生产和传播新思想和新解释”。商议民主 *130*
并非随时随地都能产生真正的商议交流，但它具有一种
特殊倾向，能够时不时引发真正的公共讨论和文化创新。

约翰·帕金森(John Parkinson，2016)用了一个有趣的比喻，将商议民主比作单簧管，并在此基础上提出了一个非常相似的观点。

> 降B级单簧管之所以被如此命名，是因为它的C音调至降B的绝对音高——单簧管的C音比钢琴或小提琴的C音低。这是否意味着它只能演奏降B这个音？不是的。这是否意味着它只能在降B的音调上演奏？不，当然不是。但是调音的确给了乐器一种特殊的音色，一种平衡C调之明亮和A调之醇厚的特性，这种特

> 性相对于合奏中的其他乐器有特殊的应用。单簧管，无论其调音是什么，都有一种“木管乐器”的质感。双簧管和巴松也有类似的元素，但它们的双簧片使它们具有一种“尖厉刺耳”的音质，而单簧管淡化了这一特点。小号和喇叭的声音相对彼此而言非常不同，但与木管乐器和弦乐相比，它们具有相同的华丽感……音乐不仅仅关乎旋律、和声、速度和节奏，它还涉及有时以出人意料的方式将各种音色组合在一起。

帕金森继续指出，商议民主的音色并不是一种附加的特质，可以归于特定类型的论坛或过程。相反，商议性应被理解为整个民主制度的一种新兴的、总括性的特
131 质。“把商议质量看作总括性的，就是将其视为由给定系统的规模和复杂性所生成，而不仅仅是添加到系统中的某种成分”(Parkinson，2016，17)。这便开启了“商议民主的可能性，其中没有一个组成部分符合商议性的所有标准，但在其构成部分的特定形构下，商议性得以表现出来(p. 17)。

在我看来，媒介话语在这种民主形构中起着决定性作用。民主制度的商议性从根本上取决于媒介话语是否、如何以及在何种程度上不时促进真正的公共讨论和学习。在民主商议质量这一更具包容性的概念背景下，我所提出的媒介分析形式既不主张把商议和非商议混为一谈，也不主张将二者分作两处。一方面，它并不认为非商议性沟通是商议交流中一个自然和不成问题的组成部

分。另一方面，它也并不认为二者应该截然分开，就像可能有些人更愿意看到的那样，似乎商议必须保持不被非商议性沟通的毒素所污染。相反，我关注的是，在非商议性媒介话语和作为宏观商议结果的真正的社会讨论之间，存在着更为具体的、不断变化的关系，在这种关系中，既有培育的成分，也有抛弃的因子。与联姻和分离相反，我因此提出一种哈贝马斯式的媒介分析的“独立伙伴关系”范式，以寻找更广泛的文化生产形式的商议潜力。

推荐阅读 132

Chambers, S. (2009)“Rhetoric and the public sphere: Has deliberative democracy abandoned mass democracy?” *Political Theory*, 37(3), pp. 323-50. doi: 10.1177/0090591709332336.

Parkinson, J. (2016)“On scholarly metaphors, or, what is deliberative about deliberative democracy?” Available at: https://ecpr.eu/Filestore/PaperProposal/90e7f4de-c707-447e-8a9a-7def01a57b73.pdf.

Young, I. M. (2000) *Inclusion and democracy*. Oxford University Press, Oxford.

第七章 反公众与情感的作用

133 哈贝马斯认为，他在 1962 年出版的《公共领域的结构转型》中所理论化（并理想化）的十八世纪咖啡馆里的议事公众，正在互联网上重新出现。“万维网上的互联网传播似乎可以抵消与大众传播的匿名性和不对称性相关的弱点，因为它有可能将互动和商议元素重新整合进伙伴之间无规制的交流当中，这一交流是平等的，即使只是以虚拟的形式存在”（Habermas，2009b，157）。但他接着说，只有在专制政体内，互联网才会产生有益的影响，因为它有助于削弱审查，使自发的舆论得以形成。在民主国家，早期的大众往往会分解成无数孤立的在线个体。“网络为强化和加速传播模式的去地方化提供了硬件，但它本身无法阻止
134 离心的趋势”（Habermas，2009b，157 脚注）。

延续哈贝马斯的论述，碎片化是公共空间理论中的一个热点议题。它指向一个更为普遍的问题：公共空间在概念上应具有多大的单一性？我们如何从理论上解释主流公众和“次反公众”（subaltern counterpublics）（Fraser，1992）之间的关系？所谓反

公众，是由特定言说者和听众组成的集体，他们被支配或被主流公众所压制，并与之对立。反公众可以发展精致复杂的传播基础设施，既可以是中介化的，也可以是非中介化的，他们因而也可以发展和“拥有”公共空间，我们可以称之为反公共空间（counterpublic spheres）。

正如第一章所述，批评者们指出哈贝马斯忽视了非资产阶级公共空间——自十八和十九世纪欧洲工业革命以来，平民或无产阶级公共空间在工作场所发展并渗透到公共传播中（Negt and Kluge，1972）——或亚文化公共空间，比如通过美国的民权运动、女权运动或同性恋解放运动从主流文化中切割出的空间（Breese，2011；Fraser，1992；Huspek，2007a；Squires，2002；Warner，2005）。这些反公共空间基于清晰可辨的集体实体，而这些实体的公共传播空间的出现取决于它们自身的解放活动。反过来说，这些运动成功与否取决于它们创造关乎其需求的公共传播空间的能力。

哈贝马斯认可这些运动，也承认它们创造了自己的公共空间，但其论点的主旨是将边缘化群体纳入一个统摄性的“主导”公共空间。如果不是借助一整套统一的过 *135*
程，将注意力集中于少数重要议题，并发展出具有足够影响力的可识别的意见以供当政者们考虑，那么公民沟通又如何获得相对于政治权力中心的影响力乃至“沟通力”呢？为了行使沟通力，公共空间必须足够大，足够强，足够统一，这样掌权者为了自己的合法性以及最终的政治生存，便不能忽视它的产出，即审慎的舆论。哈贝马斯并不否认公共空间中存在不同的层次和场域，毕竟，在他眼中，公共空间是一个“高度复杂的网络，延伸至众多彼此重叠的国际、国内、区域、地方和亚文化领域”（Habermas，1996，372）。但是哈贝马斯为公共空间设想的政治功能将他的理论想象力引向了驾驭政治影响力所需的聚合和整合过程。这一点并非毫无争议。

次反公众

在对《公共领域的结构转型》的批评中，弗雷泽提出“次反公众”概念，将其定义为“平行的话语场域，在这里，处于从属地位的社会群体的成员发明并扩散反话语（counterdiscourses），以形成对其身份、利益和需求的对立性解释”（Fraser，1992，123）。她认为，多元的公共空间总是比单一的公共空间更可取，然后分析了其在两种理想型社会中的好处：在不同群体之间有着强大的支配和从属关系的分层社会（美国显然是弗雷泽心目中的原型），以及平等的、多元文化社会（似乎尚不存在经验原
136 型）。“在分层社会中，次反公共空间具有二重性。一方面，它们是撤退和重组的空间；另一方面，它们也充当基地和训练场，酝酿面向更广大公众的鼓动性活动”（Fraser，1992，124）。“经差异化赋权的公众之间形成的话语关系，既可能是论争性的，也可能是商议性的”（p. 125）。

但在弗雷泽看来，即使在冲突较少、更为平等和文化多样的社会中，多元公共空间也更为可取。“公共空间不仅是形成话语意见的场域，它们还是形成和展演社会身

份的舞台”(p. 125),这些身份与特定的习语和表达风格相伴而生。为了让每个人都能以自己的方式参与公共传播,只要还有一个进行跨文化沟通的统摄性公共空间,这些习语和风格就应该在多个公共空间中得以表达。因此,根据弗雷泽的观点,反公共空间在赋予从属群体相对于支配群体的权利方面起着至关重要的作用,而参与公共传播的基础是个人拥有使用自己表达方式的权利。

沿着弗雷泽的论述,迈克尔·胡斯佩克(Michael Huspek,2007a; 2007b)将反公众概念与哈贝马斯的“系统扭曲的沟通”概念联系起来。我们在第二章中曾提及“系统扭曲的沟通”(表 2.1),在这种沟通中,“至少有一方在欺骗自己,他实际上是以谋求成功为行事目标,而只在表面上保持沟通行动的样子”(Habermas,1984,332)。系统性扭曲的沟通可能根源于精神病理或意识形态。胡斯佩克认为,主导性公共空间的成员在意识形态上自欺欺人,不承认自己会在主流场域中打压来自反公众的声 137
音,同时也可能对反公众的声音不屑一顾。他正确地指出,哈贝马斯并没有就如何在现实世界的公共话语中切实克服系统扭曲的沟通提供多少指导意见。为了弥补这一缺陷,胡斯佩克(Huspek,2007b)建议将“修辞行动”(rhetorical action)作为次反公众的沟通策略。在对比主流的《纽约时报》和非裔美国人的《纽约阿姆斯特丹新闻》时,胡斯佩克确认并捍卫了三类反公众参与,它们对应于我们作为人类所栖息的三个世界,即主观世界、客观世界和社会世界(Habermas,1984,100)。

- 针对主观世界,胡斯佩克(Huspek,2007a)提倡不文明的自我表达形式(例如,称占据支配地位的另一方为“怪物”或“新法西斯”),其目的不是为了压制支配者,而是要震撼他们(p. 834)。
- 针对客观世界,胡斯佩克容忍他所谓的“有偏见的事实有效性宣称”,以对抗主流媒体报道中的隐性偏见。这些宣称“主要是为了激起热烈而知情的辩论”(Huspek,2007a,835)。
- 针对社会世界,胡斯佩克赞赏某些围绕道德正确性的有效性宣称,这些宣称粗暴地挑战根本上不公正的现有政治法律秩序,并致力于剥夺其中所包含的支配关系的正当性(Huspek,2007a,838)。

哈贝马斯对这些提议的反应大概无法一概而论。他接受不文明言论和公民不服从作为赢取关注的合法途
138 径,但他肯定会告诫人们不要寄望于通过称呼对手为“怪物”来引起真正的讨论。至于有偏见的真实性宣称,他或许会指出,公共空间中的真实性宣称总是被用来支持某一特定的立场或观点,但人们只能依据相互冲突的事实对其提出质疑。“偏见”虽说不可避免,但可以解决。最后,他会对在现有话语中插入对道德正确性的不敬宣称表示欢迎,因为正是这套做法推动着社会学习。

这表明,至少从《在事实与规范之间》开始,哈贝马斯就试图将反公众的策略纳入政治公共空间概念,只要它

们有助于在社会宏观层面产生真正的讨论。正如戴维·埃斯特隆德(David Estlund,2009,194)所说,偏离商议规范确实可以弥补权力对公众间沟通的干扰,并帮助恢复真正的讨论。想要消除系统扭曲的沟通,就必须公开揭露和批评占支配地位的言说者的自欺欺人(即他们对自己支配地位的无意识合理化),并不懈地推进正确性宣称,令更广泛的公众可以想象到更好的秩序。而这可以包括不文明的策略。近年来,"婚姻平等"或"所有人的婚姻"框架在一些西方国家取得成功,使得同性恋者有权像异性恋者一样结婚,这证明有可能反击系统性扭曲的沟通,并产生大规模的社会学习过程。因此,从哈贝马斯式观点来看,公众之间的论争甚至商议都是有可能的,并且很有希望。但是,弗雷泽(Fraser,1992,125)所强调的作为公共空间第二大功能的"社会身份的形成和展演"又是如何呢?

在公共话语中展演社会身份 139

迈克尔·华纳(Michael Warner)在其《公众与反公众》(*Publics and Counterpublics*)(2005)一书中对这一点作出了最有力的论证。他并没有从社会学的角度来看待公共空间,将其作为一个通过特定逻辑与其他领域划分开来的社会空间。他从修辞学的角度审视公共空间,其着眼点在于潜在参与者的称谓方式,借助这些称谓语,参与者成为公众的成员,而公众自身,也正是经由这些称谓语才得以成形(Warner,2005,67)。通过这样做,华纳得以检视公众交谈中的“自我形塑”(self-fashioning),探讨自我抽象的一极(以理性批判话语为例)和自我实现的一极(即真实表达的话语)之间的张力。

华纳认为,哈贝马斯在其理论中提炼出的资产阶级公共空间的模式,体现的是自我抽象这一极。它怂恿言说者代表所有人发言,而不是为自己讲话。言说者假装自身利益的实现符合公共利益,从而(不经意地)使其局部立场普遍化。通过这种离身的言说形式,公共话语让有血有肉的人发言,但让他们明确的身份、身体和欲望变得不再可见(Warner,1992,382)。

而所谓反公众,不仅仅是由“有改革计划的次属者”组成的群体(Warner,2005,119)。他们在偏好的自我表达形式上也有着根本的不同。

> 反公众与主导公众之间的冲突不仅延伸到观念或政策问题,还延伸到构成公众的言语体裁和称谓方式,以及媒体之间的等级制度。其构成话语不仅是一种不同或另类的习语,在其
> 140 他背景下还会被认为带有敌意或不得体……与
> 主导公众的摩擦迫使反公众话语的诗意表达特征在意识中凸显出来。(Warner,2005,120)

在华纳的分析中,反公众通过其独特的“诗意的世界创造”(Warner,2005,114)进行自我建构,在自我实现这一极,这些修辞方式同时致力于展示身体,而不仅仅是表达思想。反公众的“创造—表达”维度很难在哈贝马斯的

视角中找到安身之处，这是因为它与人们所熟悉的能动性形式不相符合。为了进一步阐明这一点，华纳将那些通常与理性批判话语公众相关的动词与酷儿反公众常用的动词并置：

> 所有代表公众能动性的动词都适用于私人阅读，它们通过向上转移，用在集合读者身上。读者们可以审视、询问、拒绝、评论、决定、判断，诸如此类。公众所做的，也正是这些事情。除此之外，别无其他……酷儿公共空间则可能是这样一个空间，在那里，人们公开蔑视、跳动、贬低、行动、继续、渴望、幻想、大发脾气、哀悼、“阅读”。然而，要想严肃对待这些公众能动性的属性，我们需要栖息于一个具有不同语言意识形态、不同社会想象的文化之中。(Warner，2005，123 脚注)

尤为重要的是，这套想象不会像哈贝马斯的理论那样将公众与国家对立起来。“当另类公众的行为被称为社会运动时，就会发生这样的事情：他们获得了相对于国家的能动性……对许多反公众来说，这样做意味着放弃 *141*
最初的希望，即不仅改变政策，而且改变公共生活的空间本身”(Warner，2005，124)。

对哈贝马斯来说，通过真实的自我表达来改变公共生活的空间，一直不是他关注的中心。在他看来，公共空间的话语植根于生活世界，但至关重要的是，它并不等同于生活世界。哈贝马斯(Habermas,1996,369)确实强调,公共传播不仅具有显在的内容(即华纳所说的"改革方案"),而且还具有"表演意义"。这种意义在于实现"一个未被扭曲的政治公共空间自身的功能"(Habermas,1996,369)。继杰恩·科恩(Jean L. Cohen)和安德鲁·阿拉托(Andrew Arato)之后,哈贝马斯认为,社会运动"试图维持现有的交往和公共影响结构,产生亚文化的反公众和反制度,巩固新的集体身份,并以扩大权利和改革制度的形式赢得新的领地"(p. 370)。但这里提到的亚文化反公众被概念化为公共讨论的灵感生成器。哈贝马斯提到了它们产生创造性自我表达的能力,但其论述重心在别处:为了获得集体意义和政治效力,自我表达最终应该产生**可批评的**观念和立场,其对真实性和道德正确性的有效性宣称至少在原则上可以被质疑和讨论。

情感公众

兹齐·帕帕查里西(Zizi Papacharissi,2015)提出"情感公众"(affective publics)的概念,它成为近年来一个突出的将反公众解释为商议系统要素的替代性方案。所谓情感公众是指"通过情感表达而被动员、连结或去连结的
142 网络化公共形态"(p. 125)。重要示例包括"阿拉伯之春"运动(例如,使用标签 # egypt)和"占领华尔街"抗议活动(例如,# ows)中的推特行动,以及它们在世界其他地区的衍生品。帕帕查里西展示了这些"情感公众如何被观点、事实或两者混合的情感性表述所驱动,这些表述反过

来又产生出无所不在、源源不断的信息流，从而进一步连接民主与非民主政体中的表达并使之多元化”(p. 129)。

帕帕查里西的兴趣不在于这些表达的商议质量，事实上，她明确警告人们不要“把互联网改造成与以往时代的政治经济相呼应的公民参与模式”(p. 26)。帕帕查里西认为，互联网的公民潜能在于其有可能使用户的情感(affect)得到释放，并在不断的网络化传播中促进他们之间的“情感调和”。

> 媒体通常会邀请受众通过与特定媒体类型和媒体角色建立情感关系来消费内容。这些情感关系可能产生和培养出特定的感觉(feelings)和情绪(emotions)，但重要的是不要把情感与情绪和感觉混为一谈。虽然情感包含一种特定的能量、心情或动作，由此可能导致特定的感觉，以及随后的情绪表达，但它既先于感觉和情绪，又维持或可能废止后两者。(Papacharissi, 2015, 21)

情感是一种力量，它隐藏在愤怒、喜悦或同情等情绪的公开表达以及思想和推理的公开表达背后。“正是靠着这种强度，我们才得以体验理性和情绪”(p. 134)。因此，情感创造出政治表达的“质地”，而非其内容(p. 118)。这进一步意味着，情感公众可以是进步的，也可以是保守 143
的，他们在政治光谱的左右两翼都可以很激进。

> 随着时间的推移，情感可能会导致权力等级的细微破坏，这种破坏累积起来可能会产生相当大的抵抗力和重议边界的能量。同时，情感也可能支配表达，分散人们对事实的注意力，就像美国茶党(Tea Party)运动发展所依赖的情感结构那样。情感机制提高了人们对某一议题的认识，并在此过程中放大了这种认识的强度。它们本身并不能提高人们对问题的理解，加深其对特定议题的了解，或导致公民深入参与公共事务。(p. 120)

迈克尔·卡普弗(Michael Karpf，2017)则强调了情感公众政治本质的偶然性，他试图想象帕帕查里西的书如果再版，并将美国前总统特朗普的任期考虑在内，这本书可能会是什么样子。卡普弗写道，帕帕查里西分析的前特朗普运动，“因其诚挚而显得重要”(p. 292)。然而，在2016年的大选中，出现了大规模的网络引战和政治机器人，后者是指自动创建社交媒体信息以支持一方候选人并诋毁另一方候选人的计算机程序。特朗普和希拉里·克林顿(Hillary Clinton)的竞选团队都运用了政治机器人，但特朗普一方——包括支持他的“另类右翼”(alt-right)运动——的使用规模更大(Woolley and Guilbeault，2017)。“看上去就像是特朗普的支持者在社交媒体上开发了一种武器化、自动化的情感公众”(Karpf，2017，202)。他们运用引战和僵尸网络，策略性
144 并且带有欺骗性地伪造出情感强度。毋庸赘言，武器化

的情感公众不仅从商议的角度，而且从几乎任何其他民主理论的角度来看，都存在严重的问题。即便是我们在第四章提到的赞成强劲的价值观交流的争胜式民主概念，也都是将其论点建立在**真实的**政治自我表达这一假设基础上的。

除了基于社交媒体的情感公众可能是伪造的产物之外，帕帕查里西的论述中还可以看到关于情绪和理性之间关系的更广泛的讨论（也见 Wahl-Jorgensen，2013）：

> 关于公民参与的规范形式的流行话语经常将情绪与理性相对立、将感觉与思想相对立。因此，某些形式的公民参与被认为不够充分，因为它们太感性而缺乏理性基础，而一些其他形式的公民参与则被认为逻辑性过强，缺少情感卷入。然而，逻辑和情绪可以而且确实是共存的。用典型的斯宾诺莎式术语来说，逻辑有助于解读情绪，而情绪赋予逻辑意义。（Papacharissi，2015，134）

尽管帕帕查里西明确拒绝这一观点，但正是情绪和理性的这种互补与共存，实际上有助于将情感公众的概念与网络化公共空间中公民参与的商议观重新联系起来。就情感调适和情绪表达本身而言，它们既不是问题重重，也并非毫无问题。相反，持商议视角者总是会问：**哪些**情绪在公共话语中得到表达和强化？它们在真正的公共讨论中发挥**什么功能**？在这里，我们可以区分出两

145 条商议理论脉络。一条关注共情在产生真正的开放讨论、学习和团结精神等方面的潜在益处。另一条则将情绪视为对道德违规或分歧的情感反应,并评估它们在为行动展开的道德辩护中发挥的作用。在本章的剩余部分,我将依次讨论这两条理论脉络。

共情与商议

一些学者认为,共情会促进真正的开放辩论,因为同理心使我们能够想他人之所想(Morrell,2010; Wahl-Jorgensen,2013; Scudder,2016)。值得注意的是,共情不是一种离散的情绪,而是一种能力,它让我们像他人一样去感受(情感共情),或者理解他人的感情和观点(认知共情)。情感共情可以适用于不同的情绪,无论是积极的还是消极的。我们可以对他人的悲伤或喜悦产生共鸣。而认知共情则是商议的关键,毕竟,它关乎有来有往的角色扮演,意在理解他人的观点(Neblo, 2003, 8; 也见Morrell,2010)。共情的情感侧面——最好伴有一丝真正的好奇心——似乎是促进认知性角色扮演并赋予其意义的最有力的情感基础,因此也是真正开放讨论的情感基础。故而,共情可以与了解他人和向他人学习相联系。此外,情感共情还可能激发人们与历经困苦之人团结起来。

然而,共情在商议理论中的作用也受到了质疑。玛丽·斯卡德尔(Mary Scudder,2016)警告说,由于共情是基于对他人感受的想象,它可能导致我们将这种想象的

感受投射到他人身上，而不是在我们自己的经验中反思 146
或放大他们的感受和观点。斯卡德尔认为，共情不应该被视为一种商议理想，因为它破坏了人与人之间实际的倾听实践。相反，她的目标是保障**民主倾听**，而不仅仅是去想象他人可能的感受和想法。斯卡德尔（2016，538）还指出，“共情的成功唤起往往间接依赖对善的共同理念，但在商议框架中我们不能假定这一点。”事实上，正如第四章所述，哈贝马斯反对共和主义民主概念的“伦理超载”，即对共享价值观的不切实际的假定，这种假定倾向于将公共话语限制在特定的价值共同体内，而非每一个受议题影响的人。

斯卡德尔的论述的长处在于，它提醒我们，共情的益处只有在实际的沟通中才能体现得淋漓尽致，倘若只是停留在内心的感觉或思考当中，就容易造成投射的风险。单靠同理心对商议民主而言肯定是不够的。但是，在实际的沟通交流中，共情式关怀可以接受他人感受和想法的检验，这当中，共情者和共情对象都既可以发声，也可以聆听他人。因此，如果在大众传媒和网络媒体组织的讨论中，不同的参与者都有机会讲话并听取他人发言，那么共情的益处就可以在民主当中保留下来。因此，对于具有商议意识的媒介理论家和实践者来说，促进经过沟通检验的共情似乎是一项艰巨的任务。

从更广泛的视角来看，对他人的共情关怀也可以与心理学家所说的自我超越的情绪相联系。“自我超越的情绪以他人为导向，减少个人对于自我的关注，鼓励对他人更加敏感，与之更为协调”（Stellar et al.，2017，2）。自 147

我超越情绪的重要示例不仅有**同情**(与怜悯、体谅以及共情式关怀有关),还有**感激**(与欣赏有关)和**敬畏**(与钦佩、灵感和提升有关)(见 Habermas,1998,4 脚注)。从直觉上讲,商议与超越自我有很深的关联,因为它涉及倾听他人的需求和理由。因此,诸如同情、感激和敬畏这样的自我超越的情绪必将在新近出现的商议视角下对情感的概念化中占据一席之地。它们可能会将中介化讨论的基调从自我利益中转移出来。以 2015—2016 年媒体对欧洲难民状况的报道为例。中介化讨论至少部分地体现出对于难民命运的同情,表达了难民对欢迎国的感激之情(以及他们的不满),甚至可能对他们勇敢的逃亡表示钦佩,这些讨论可能为那些拥护开放难民政策的立场和论点提供支撑性背景。因此,对于未来的哈贝马斯式媒介分析而言,探讨特定的自我超越情绪和中介化讨论中表达的特定立场与论点之间的联系,或许是一条极富前景的研究路径。

但是,一个萌芽中的商议视角下的情感理论甚至可能不必止步于此。一些以自我为中心的积极情绪似乎也有助于话语空间的开启,以及公开可用的论点剧目的扩展。以惊奇情绪为例。想想 1989 年 11 月柏林墙倒塌等事件带来的出人意料的积极转折,我们就会意识到,惊奇情绪也可以开启辩论。希望也是如此,人们期望所讨论
148 的社会条件能够(被)改变、好转。在“阿拉伯之春”之类的革命前夜,通常就是这种情形。因此,惊奇和希望可能标志着社会学习过程的加速,正如第六章所论,这种学习过程处在商议民主视角的核心。

道德情绪作为论证理据

哈贝马斯看待情绪的角度略有不同，他的关注点不在于沟通检验的共情中所体现的角色扮演，而是道德判断的情绪基础。他把情绪视为在道德违规或分歧情况下的情感反应，强调它们的功能是从道德上合理化个人和集体行动。“对行动的道德合理化，有赖于感受；这就好比对事实的理论合理化，有赖于感官知觉一样”（Habermas，1990，50）。正如迈克尔·内布罗（Michael Neblo，2003，3）恰当地指出的那样：

> 如果我们停下来想一想，假如不诉诸感官知觉，科学将何去何从，那么很明显，断言哈贝马斯的话语理论没有为情绪留出空间，甚至它们只扮演边缘角色，这显然是错误的。无论人们如何看待哈贝马斯表述的最终的充分性，他都为情感在其理论体系中设计了一个重大且绝对必要的角色。

对哈贝马斯来说，情绪的自然归宿就是他所谓的实践话语。正如第二章所述，在实践话语中，道德正确性的有效性宣称被问题化，相互对立的道德判断因而得以交换。这种判断往往具有情感特质，而在讨论真实性宣称的理论话语中，这种特质并不突出。 *149*

> 当我们研究道德分歧时，必须将情感反应纳入道德言辞的范畴……情感态度体现出我们对越轨行为所采取的批判和自我批判的立场：从第三人称的角度看，表现为憎恶、愤慨和蔑视；从受影响者的角度看，表现为对第二人称者的侵害感或怨恨；从第一人称视角看，则是羞愧和内疚。(Habermas，1998，4 脚注)

在感知到道德越轨的情况下，哈贝马斯提到的围绕第三人称视角的全部消极情绪——憎恶、愤慨、蔑视——都有助于引起关注和紧迫感。例如，威廉·布雷迪(William Brady)等人的研究(2017)显示，社交媒体信息中所包含的道德—情绪词语会促进信息在整个网络中的扩散，推文中每增加一个道德—情绪词，其平均转发率就会提高 20%。当然，当那些受到道德越轨行为影响的人(第二人称视角)公开表达他们受到侵犯和怨恨的感受时，也会产生道德紧迫性。这相当于瑞杰·加尔塞斯(Regiane Garcez)和罗斯利·玛雅(Rousiley Maia)(2014)所研究的社交媒体上"不公正感"的表达。相比之下，以加害者第一人称视角，公开承认羞愧和内疚等情感反应，在中介化讨论中可能性不大。尽管如此，在交流中参与者能够看到自己的过失，这可能会导致之后的讨论氛围更加开放。想想德国总理维利·勃兰特(Willy Brandt)1970 年在华沙犹太人死难者纪念碑前高度中介化的下跪——这
150 种谦卑和忏悔的公开姿态似乎彻底改变了德国和波兰的关系以及德国在全世界的公共形象，尽管勃兰特本人并

不是加害者,而是以加害国的代表身份做出此举。

哈贝马斯认为,无论是由道德越轨行为的加害者、受害者还是旁观者公开表达的道德情感,都不只是代表他们自己,而是在实践话语中起到论证理据的作用。“由于它们表达了内隐的判断,透过这些感受,行动者表达出赞成和反对的态度,传递出特定评价……从这些道德感受和评价中,我们也能够看出,道德判断为论证理据留有余地,因为它们与其他感受和评价有所不同,它们与充当理由之义务相关联”(Habermas,1998,4 脚注)。因此,道德情感的表达有助于维持一种社会结构,在这一社会结构中,道德义务得到沟通和讨论。当然,道德判断和义务往往会在中介化讨论中遭到质疑。因此,不同的道德情感之间会产生冲突。但实践话语的存在恰恰是为了将道德宣称问题化并就其展开辩论,包括道德情感——在这个过程中,并非每一个道德宣称都会被认为具有同等的正当性。

因此,从哈贝马斯式视角来看,如果反公众行动者只是针对其所认为的道德越轨行为表达愤慨和蔑视的道德情感,这是不够的,哪怕他们为自己构造出一个反公共空间或在占主导地位的公共空间中争到一席之地,也是如此。宣称的正当性也很重要,它取决于这一宣称在多大程度上可以得到好的论点的支持,即愤慨或侵犯的感受是对实际的不公正所作出的反应。这就是为什么欧洲的反移民网络或美国的“另类右翼”运动等右翼反公众不能被视为次反公众的原因。它们未能表达从属社会群体所 151
经历的不公正,而是大体上旨在维持支配和排斥的结构。

因此，从商议的角度来看，这些反公众可能在结构上和那些从属社会群体的反公众类似（见 Töpfl and Piwoni，2015），但他们的商议裨益较少，民主正当性也较低。以经验方式梳理道德情感的不同表达在中介化讨论中的这种正当性差异，是未来哈贝马斯式媒介分析的另一项重要任务。

结　语

反公众的反叛性存在从至少两个紧密相连的方面向哈贝马斯的公共空间和商议民主概念发起挑战。首先，反公众被认为使得对“公共空间”的一元化理解过时。反公众要求有自己的话语空间用以展演内在身份和制定策略，因此被认为暴露并揭穿了单一主导公共空间的支配性或压制性。这种对一元化的抨击往往伴随着对作为公共沟通规范标准的文明性和论证交流的攻击。在一个等级森严、竞争激烈的话语情境中要求言语文明，似乎只不过是另一种压迫手段。因此，情感式和不文明的真实表达形式不仅受到欢迎，而且还被用来反对哈贝马斯。

在本章中，我聚焦受到哈贝马斯启发的理论和研究工作，点出其中鲜为人知的部分，以此探讨上述两种攻击。关于文明性标准，我指出，哈贝马斯确实将赢取关注和创造紧迫感的反公众策略纳入自己的理论框架。但
152 是，我并没有从理论上将情绪化的情感公众与真正的公共讨论对立起来，而是试图利用哈贝马斯关于情绪的零散评论和正在兴起的关于共情的辩论来勾勒情绪在中介

化公共讨论中的作用。哈贝马斯并未将公共辩论概念化为理想言语情境中离身的、自我抽象的言语。相反，他的作品允许对公共讨论所蕴含的情绪进行更系统的研究，特别是将分析的注意力引向道德分歧的情况，将其作为情绪投入的来源。

但是仅有情绪投入是不够的。商议视角下的情绪概念系于道德宣称的正当性，包括在中介化讨论中表达的道德情感。通过以这种方式将情绪表达与实践话语联系起来，哈贝马斯式理论为这种正当性提供了一个衡量标准，即道德愤慨需要有好的理由支撑，而不仅仅是社会力量或纯粹情感能量的支持。大多数极端右翼——或许也包括某些极端左翼——反公众将无法通过这种"商议裨益"的测试。

最后，无论是消极情绪，还是积极情绪，都能够引发真正的公共讨论、促进集体学习。如前所述，如果共情关怀的有效性在实际的沟通交流中经受住了其对象的检验，它们便可以将之前被忽视的他者的关切带入讨论。一般而言，积极的自我超越的情绪，如同情、感激和敬畏，很可能与特定的论点剧目有独特的关系，因此可能引发更为开放和包容的中介化讨论。甚至惊奇和希望也可能是有益的，因为它们可能标志着大规模学习过程中的加速时刻，而这正是商议的核心所在。

153 推荐阅读

Neblo, M. A. (2003) "Impassioned democracy: The role of emotion in deliberative theory." Unpublished manuscript. Available at: https://polisci.osu.edu/sites/polisci.osu.edu/files/NebloImpassioned4Web_0.pdf.

Stellar, J. E., Gordon, A. M., Piff, P. K., Cordaro, D., Anderson, C. L., Bai, Y., Maruskin, L. A., and Keltner, D. (2017) "Self-transcendent emotions and their social functions: Compassion, gratitude, and awe bind us to others through prosociality," *Emotion Review*, 9 (3), pp. 1-8. doi: 10.1177/1754073916684557.

Wahl-Jorgensen, K. (2013) "Future directions for political communication scholarship: Considering emotion in mediated public participation." In: Valdivia, A. N. (ed.) *The international encyclopedia of media studies*. Wiley-Blackwell, Hoboken, NJ, pp. 455-77.

结 论 154

一些媒介和传播研究学者对尤尔根·哈贝马斯论著的援引存在严重不足。他们会蜻蜓点水地提到"哈贝马斯 1989",再加上一两句贬低的评论——指出资产阶级公共空间概念无法捕捉到当代公共空间的复杂性,然后转头去谈其他问题、其他作者和一些看似更好的想法。在这种肤浅的援引中,哈贝马斯很有可能变成一个稻草人。当然,人们可以抱歉地说,这是哈贝马斯的作品在传播学和其他学科中广受欢迎并具有强大影响力所要付出的代价。但这是一个蹩脚的借口,原因如下。

首先,"哈贝马斯 1989"——即《公共领域的结构转型》——只是哈贝马斯与媒介和传播学相关的核心著作之一,而且是他最早、最不完善的一部作品,于 1962 年用德语出版。他的代表作《沟通行动理论》(Habermas,1984/1987b),除了媒介和传播 155
学领域最忠实的读者,对其他人来说仍然是一个隐藏的宝藏。并非所有的传播学者都读过《在事实与规范之间》(1996)中内容非常相关的第八章,内容涉及市民社会和政治公共空间在商议民主中的作用。尽管该领域的许多人都听过哈贝马斯在 2006

年 6 月于德国德累斯顿(Dresden)举行的国际传播学会年会上的主题演讲(Habermas,2006a),但很少有人知道三年后发表的一个长达 50 页的该主题演讲的扩展版本(Habermas,2009b)。

我在这里再次梳理哈贝马斯有关媒体的理论发展的各个阶段,以显示他对媒体的思考如何发生了一些重要而富有成效的变化,包括他如何看待当代公共空间出了名的复杂性。在结论当中,我想总结一下我所认为的哈贝马斯在媒体和传播理论化方面的优势和局限,以及作出扩展与修正的出发点。

在我看来,一个明显的优势是哈贝马斯从一个独特而成熟的批判—规范性视角来看待媒体与传播。这有助于研究对象与这门学科保持一定的批判距离,即便该领域中有许多学生被训练成媒体与传播专家,并将进入饱受批判性分析的行业工作。然而,更具体地说,哈贝马斯的批判—规范性标准为我们提供了手段用来评估:

- 中介化政治传播到底是真正的自下而上的民主参与,还是自上而下的支配;
156 - 在公共传播中形成的意见是深思熟虑后的还是盲目的,它们到底是有充分根据的判断,还是仅仅是偏见。

在“后事实”和“后真相”民主已经成为流行语的今天,这些都是最及时的提醒。在与公共传播中有意识的欺骗和对未证实宣称之“感实性”的无意识信念做斗争时,哈贝马斯理论的第二个优势凸显出来。他对中介化和非中介化传播中理性来源的系统分析,有助于我们辨别出无处不在的冲突和争论究竟是怎么回事。对于研究者和一般公民来说，了解分歧是关乎真实性宣称、道德正确性宣称、抑或关乎真诚性或诚实性宣称，至关紧要。正如哈贝马斯所论，前两者可以在公共讨论中得到论证，而不真诚、不可信或欺骗性沟通的问题只能诉诸传播系统更深层次的结构性改变，以及对公共空间中言说者的民主表现更长期的观察。

这引出了第三个优势。哈贝马斯将媒体辩论置于一个全面而具体的民主过程模式中，该模式与其他模式的区别在于它对集体学习的关注。商议民主模式催生出极为多产的理论和经验文献，这一模式提醒我们，中介化公共讨论不应该只是仪式性地循环利用人们长久以来所持的观点，而应孕育新的想法。民主不仅是一种聚合利益和产生具有集体约束性决策的机制，也是一场有关集体学习和知识创新的大规模实验。

至于哈贝马斯的媒介理论的局限性，在我看来，恰恰 157
是这种开放式的学习过程在哈贝马斯关于政治传播中媒体角色的一些最新模型中，某种程度上被丢掉或低估了（Habermas，2009b；见本书第三章）。在这些模型中，大众媒体被赋予相当有限的功能角色，基本上相当于通过公开发表的意见，将所有可用的信息和由此产生的与特定政策建议有关的决策选择传递给公民。虽然这是中介化传播的一个非常重要的核心功能，但它似乎限制了媒体辩论的作用，使其只能为在其他地方进行的政治商议和决策做准备。除了哈贝马斯迄今尚未提供对互联网的全面分析这一明显事实之外，这种对大众媒体功能性限制的观点低估了所有传播媒体的文化生产能力。

尽管看似令人惊讶，但事实证明，自二十世纪九十年代以来，哈贝马斯似乎对“媒体”不再那么感兴趣了。更准确地说，他对中介化公共空间的文化根源，无论是在批判性还是在描述性的意义上，都不如人们想象的那样感兴趣。这与他在《公共领域的结构转型》中对早期资产阶级公共空间的文化根源所表现出的浓厚兴趣形成鲜明对比（见第一章），也背离了“文化”在《沟通行动理论》中作为生活世界三大支柱之一的事实（第二章）。在哈贝马斯近年的作品中，许多媒介和传播学者感兴趣的话题并不突出，包括：

- 媒介生产的文化语境（包括非西方文化）；
158 - 用于中介化参与的文化资源；
- 各种各样的当代媒体的创造过程和意义模式。

受到哈贝马斯启发的媒介分析者们最好更深入地挖掘沟通行动理论中鲜为人知的部分，以便将中介化公共讨论建立在生活世界中更广泛的文化生产和意义制造的背景下，并理解当代中介化公共空间中媒体、社区和参与者的丰富的多元性。基于对哈贝马斯作品的这一解读，我认为有三条互补的经验研究路径，可以利用和扩展哈贝马斯的媒体、公共空间和商议民主理论。这些路径大致与我在第五章、第六章和第七章中所探讨的主题相呼应。

路径1：应用商议标准。第一种最传统的选择是运用哈贝马斯的商议概念来比较评估不同类型的媒体内容的商议性程度，并研究其结构和文化前提及后果。自二十一世纪初以来,已有大量研究着眼于各种媒体类型和形式的商议品质,包括在线商议,在这方面收获的新发现不多。但是,对影响商议表现兴衰的结构性条件进行的系统研究仍处于早期阶段,应予以进一步扩展。更需要详加阐述的是商议性媒体输出水平的高低对于个人和社会的影响。是否像哈贝马斯所建议的那样,拥有更多商议性媒介系统输出的国家也具有更高水平的集体学习和/或公民团结?除了关注公民如何实现发声这一热门研究问题之外,至为重要的是,这个研究方向还将探究为了造就公民之间纵使有重大分歧仍能够彼此**倾听**的能力,商 *159* 议性媒体内容对此的意义所在(见 Bassel,2017)。毕竟,民主倾听是商议民主模式的一个标志,它将受到哈贝马斯启发的媒介分析与其概念性对手区分开来。

路径 2:商议的文化嵌入性。受哈贝马斯启发的媒介分析的第二种可能性在于,研究嵌入更广义的中介化论争中的公共商议,包括修辞、叙事、讽刺、抗议和公共仪式的文本和视觉呈现模式。在第六章中,我曾建议评估这些非商议性沟通和媒介话语形式对促进真正的社会讨论和学习所能做出的贡献。这种"嵌入"策略将哈贝马斯对商议性沟通的近期阐述与他对生活世界结构的早期分析联系起来,并对商议进行了一种文化再挪用。我的建议与那些呼吁媒介或文化分析要"超越"或"反对"理性—批判讨论的学者有所不同。我相信,哈贝马斯的理论对传播与媒介研究的价值恰恰在于其促进了对商议的文化嵌入性的关注,这不仅避免了将商议作为一种脱离现实世界文化背景的正式程序来分析的局限性,也避免了将媒介文化与形成深思熟虑的意见及集体学习相分离（或并置）来分析的局限性。在这方面，伯恩哈德·彼得斯（2008b；2008c）探索了公共讨论如何受制于特定的“公共文化”传统——其特点是有相关的创意生产者和机构以及独特的集体阐释与自我理解，这种探索为文化嵌入式的公共领域分析开辟了道路。

160 **路径3：将商议锚定在情感当中。**我在第七章中已经勾勒出第三条路径，它甚至更加偏离哈贝马斯式媒介分析的常规路线。其旨在揭示哈贝马斯的理论中特别是道德判断和实践话语中的情绪根源，并系统地探讨理性如何在中介化公共讨论中扎根于情绪并得到情绪的补充。草草阅读哈贝马斯作品的读者可能没有想到内布罗（Neblo，2003，1）简洁明了的说法：“对于一个商议民主主义者来说，理性的反义词不是情绪，而是权力。”情绪有助于瓦解不正当的权力。但重要的是要问：哪些情绪，在哪种（情感）公众的推动下，与哪些类型的理性论点相互交织，以及在哪些类型的中介化公共讨论中，能够瓦解不正当权力？我猜想这个问题的答案将加深我们对中介化公共交流的理解，使其更具有批判的洞察力、更加贴近生活。无论是消极的道德情绪，还是积极的自我超越情绪，都是揭示真正中介化讨论的情感基础的首要研究对象。

以上三条未来研究路径的统摄性目标在于，针对作为民主论争实例的中介化讨论，发展出规范化指导的、文化上敏感的并且富于情境化的分析。这样的分析也将开启一扇窗，让人们了解到中介化传播如何有助于逐步解决全球社会所面临的那些有害、棘手的问题。它将有助于在极化的民主国家和宿敌之间，为解决冲突确定切入点(见 Steiner et al.,2017)。我希望本书已经证明，对这类探究而言，哈贝马斯的作品仍将是一座开放的采石场，一张温床，有时甚至是一部指南。

索 引

（索引页码均为英文原著页码，即本书边码）

D

I

J

K

L

M

N

P

Q

R

S

T

U

参考文献

Adorno, T. W. and Horkheimer, M. (2002) *Dialectic of enlightenment*. Stanford University Press, Stanford.

Althaus, S. L. (2012) "What's good and bad in political communication research? Normative standards for evaluating media and citizen performance." In: Semetko, H. A. and Scammell, M. (eds.) *Sage Handbook of Political Communication*. SAGE, Thousand Oaks, CA, pp.97-145.

Ausserhofer, J. and Maireder, A. (2013) "National politics on Twitter: Structures and topics of a networked public sphere," *Information, Communication & Society*, 16(3), pp.291-314. doi:10.1080/1369118X.2012.756050.

Baker, C. E. (2002) *Media, markets, and democracy*. Cambridge University Press, Cambridge.

Bassel, L. (2017). *The politics of listening: Possibilities and challenges for democratic life*. Palgrave Pivot, London.

Bennett, L. W. (2007) "Relief in hard times: A defense of Jon Stewart's comedy in an age of cynicism," *Critical Studies in Media Communication*, 24(3), pp.278-83. doi:10.1080/07393180701521072.

Bennett, W. L., Pickard, V. W., Iozzi, D. P., Schroeder, C. L., Lagos, T., and Evans Caswell, C. (2004) "Managing the public sphere: Journalistic construction of the great globalization debate," *Journal of Communication*, 54(3), pp.437-55. doi: 10.1093/joc/54.3.437.

Bennett，W. L. andSegerberg，A.（2013）"The logic of connective action：Digital media and the personalization of contentious politics，" *Information*，*Communication & Society*，15（5），pp. 739-768.doi：10.1080/1369118X.2012.670661.

Benson，R.（2009）"Shaping the public sphere：Habermas and beyond，" *The American Sociologist*，40，pp. 175-92. doi：10. 1007/s12108-009-9071-4.

Benson，R.（2013）*Shaping immigration news*：*A French-American comparison*. Cambridge University Press，Cambridge.

Bohman，J.（1996）*Public deliberation*：*Pluralism*，*complexity*，*and democracy*. MIT Press，Cambridge，MA.

Boswell，J.（2013）"Why and how narrative matters in deliberative systems，" *Political Studies*，61（3），pp.620-36. doi：10. 1111/j.1467-9248.2012.00987.x.

Brady，W. J.，Wills，J. A.，Jost，J. T.，Tucker，J. A.，and Van Bavel，J. J.（2017）"Emotion shapes the diffusion of moralized content in social networks，" *Proceedings of the National Academy of Sciences of the United States of America*，114（28），pp.7313-18. doi：10.1073/pnas.1618923114.

Breese，B. E.（2011）"Mapping the variety of public spheres，" *Communication Theory*，21（2），pp.130-49.

Brüggemann，M. and Wessler，H.（2014）"Transnational communication as deliberation，ritual and strategy，" *Communication Theory*，24（4），pp.394-414.

Buckels，E. E.，Trapnell，P. D.，and Paulhus，D. L.（2014）"Trolls just want to have fun，" *Personality and Individual Differences*，67，pp.97-102. doi：10.1016/j.paid.2014.01.016.

Burkart，R. and Lang，A.（2007）"DieTheorie des kommunikativen Handelns von Jürgen Habermas：Eine kommentierte Textcollage." In：Burkart，R. and Hömberg，R.（eds.）*Kommunikationstheorien*：*Ein Textbuch zur Einführung*. Wilhelm Braumüller，Vienna，pp.42-71.

Calhoun，C.（ed.）（1992）*Habermas and the public sphere*. MIT Press，Cambridge，MA.

Chambers，S.（2009）"Rhetoric and the public sphere：Has

deliberative democracy abandoned mass democracy?" *Political Theory*, 37(3), pp.323-50. doi: 10.1177/0090591709332336.

Chambers, S. (2010) "Theories of political justification," *Philosophy Compass*, 5(11), pp.893-903. doi: 10.1111/j.1747-9991.2010.00344.x.

Cinalli, M. and O'Flynn, I. (2014) "Public deliberation, network analysis and the political integration of Muslims in Britain," *The British Journal of Politics and International Relations*, 16(3), pp.428-51. doi: 10.1111/1467-856X.12003.

Dahlberg, L. (2001) "The Internet and democratic discourse: Exploring the prospects of online deliberative forums extending the public sphere," *Information, Communication & Society*, 4(4), pp.615-33. doi: 10.1080/13691180110097030.

Dahlberg, L. (2011) "Re-constructing digital democracy: An outline of four 'positions'," *New Media & Society*, 13(6), pp. 855-72. doi: 10.1177/1461444810 389569.

Dahlberg, L. (2014) "TheHabermasian public sphere and exclusion: An engagement with poststructuralist-influenced critics," *Communication Theory*, 24(1), pp. 21-41. doi: 10. 1111/comt. 12010.

Dayan, D. and Katz, E. (1992)*Media events: The live broadcasting of history*. Harvard University Press, Cambridge, MA.

Dryzek, J. S. (2005) "Deliberative democracy in divided societies: Alternatives to agonism and analgesia," *Political Theory*, 33(2), pp.218-42.

Dryzek, J. S. (2009) "Democratization as deliberative capacity building," *Comparative Political Studies*, 42(11), pp. 1379-1402. doi: 10.1177/0010414009332129.

Eckert, S., Chadha, K., andKoliska, M. (2014) "Stuck in first gear: The case of the German political 'blogosphere'," *International Journal of Communication*, 8(1), pp.626-45.

Erman, E. (2009) "What is wrong with agonistic pluralism? Reflections on conflict in democratic theory," *Philosophy & Social Criticism*, 35(9), pp.1039-62. doi: 10.1177/0191453709343385.

Estlund, D. M. (2009) *Democratic authority: A philosophi-*

cal framework. Princeton University Press, Princeton, NJ.

Etling, B., Faris, R., Palfrey, J., Gasser, U., Kelly, J., and Alexanyan, K. (2010a) *Public discourse in the Russian blogosphere: Mapping RuNet politics and mobilization*. Berkman Center Research Publication no. 2010-11.

Etling, B., Kelly, J., Faris, R., and Palfrey, J. (2010b) "Mapping the Arabic blogosphere: Politics and dissent online," *New Media & Society*, 12 (8), pp. 1225-43. doi: 10. 1177/1461444810385096.

Ettema, J. S. (2007) "Journalism as reason-giving: Deliberative democracy, institutional accountability, and the news media's mission," *Political Communication*, 24(2), pp.143-60.

Evans, S. K., Pearce, K. E., Vitak, J., and Treem, J. (2016) "Explicating affordances: A conceptual framework for understanding affordances in communication research," *Journal of Computer-Mediated Communication*, 22(1), pp. 35-52. doi: 10. 1111/jcc4.12180.

Ferree, M. M., Gamson, W. A., Gerhards, J., and Rucht, D. (2002) *Shaping abortion discourse: Democracy and the public sphere in Germany and the United States*. Cambridge University Press, Cambridge.

Fox, J. R., Koloen, G., and Sahin, V. (2007) "No joke: A comparison of substance in The Daily Show with Jon Stewart and broadcast network television coverage of the 2004 presidential election campaign," *Journal of Broadcasting & Electronic Media*, 51 (2), pp.213-27. doi: 10.1080/08838150701304621.

Fraser, N. (1992) "Rethinking the public sphere: A contribution to the critique of actually existing democracy." In: Calhoun, C. (ed.) *Habermas and the public sphere*. MIT Press, Cambridge, MA, pp.109-42.

Fraser, N. (2009) "Theorie der Öffentlichkeit: Strukturwandel der Öffentlichkeit (1961)." In: Brunkhorst, H., Kreide, R., and Lafont, C. (eds.) *Habermas-Handbuch*. J. B. Metzler, Stuttgart, pp.148-55.

Freelon, D. (2015) "Discourse architecture, ideology, and

democratic norms in online political discussion," *New Media & Society*, 17(5), pp.772-91. doi: 10.1177/146144481 3513259.

Fung, A. (2012) "Continuous institutional innovation and the pragmatic conception of democracy," *Polity*, 44(4), pp.609-24. doi: 10.1057/pol.2012.17.

Garcez, R. L. O. and Maia, R. C. M. (2014) "The struggle for recognition of the deaf on the Internet: The political function of storytelling." In: Maia, R. C. M. *Recognition and the media*. Palgrave Macmillan, London, pp.45-64.

Gastil, J. (2008) *Political communication and deliberation*. SAGE, Thousand Oaks, CA.

Gerhards, J., Neidhardt, F., and Rucht, D. (1998) *Zwischen Palaver und Diskurs: Strukturen öffentlicher Meinungsbildung am Beispiel der deutschen Diskussion zur Abtreibung*. Westdeutscher, Opladen.

Glover, R. W. (2012) "Games without frontiers? Democratic engagement, agonistic pluralism and the question of exclusion," *Philosophy & Social Criticism*, 38(1), pp.81-104.

Golan, G. (2006) "Inter-media agenda setting and global news coverage: Assessing the influence of the *New York Times* on three network television evening news programs," *Journalism Studies*, 7(2), pp.323-33. doi: 10.1080/14616700500533643.

Göle, N. (2010) "Manifestations of the religious-secular divide: Self, state and the public sphere." In: Cady, L. E. and Shakman Hurd, E. (eds.) *Comparative secularisms in a global age*. Palgrave Macmillan, London, pp.41-56.

Graham, T., Broersma, M., Hazelhoff, K., and van 't Haar, G. (2013) "Between broadcasting political messages and interacting with voters: The use of Twitter during the 2010 UK general election campaign," *Information, Communication & Society*, 16(5), pp.692-716. doi: 10.1080/1369118X.2013.785581.

Gurevitch, M. and Blumler, J. G. (1990) "Political communication systems and democratic values." In: Lichtenberg, J. (ed.) *Democracy and the mass media*. Cambridge University Press, Cambridge, pp.269-89.

Gutmann, A. and Thompson, D. (1996) *Democracy and disagreement*. Harvard University Press, Cambridge, MA.

Habermas, J. (1975) *Legitimation crisis*. Beacon Press, Boston, MA.

Habermas, J. (1984) *The theory of communicative action. Volume 1: Reason and the rationalization of society*. Beacon Press, Boston, MA.

Habermas, J. (1987a) *The philosophical discourse of modernity*. MIT Press, Cambridge, MA.

Habermas, J. (1987b) *The theory of communicative action. Volume 2: Lifeworld and system - A critique of functionalist reason*. Beacon Press, Boston, MA.

Habermas, J. (1989a) *The structural transformation of the public sphere*. Polity, Cambridge.

Habermas, J. (1989b) *Vorstudien und Ergänzungen zur Theorie des kommunikativen Handelns*. Suhrkamp, Frankfurt.

Habermas, J. (1990) "Discourse ethics: Notes on a program of philosophical justification." In: Habermas, J. *Moral consciousness and communicative action*. Polity, Cambridge, pp.43-115.

Habermas, J. (1992) "Further reflections on the public sphere." In: Calhoun, C. (ed.) *Habermas and the public sphere*. MIT Press, Cambridge, MA, pp.421-61.

Habermas, J. (1994) "Three normative models of democracy," *Constellations*, 1(1), pp.1-10. doi: 10.1111/j.1467- 8675.1994.tb00001.x.

Habermas, J. (1996) *Between facts and norms: Contributions to a discourse theory of law and democracy*. MIT Press, Cambridge, MA.

Habermas, J. (1998) "A genealogical analysis of the cognitive content of morality." In: Habermas, J. *The inclusion of the other: Studies in political theory*. MIT Press, Cambridge, MA, pp.3-46.

Habermas, J. (2006a) "Political communication in media society: Does democracy still enjoy an epistemic dimension? The impact of normative theory on empirical research," *Communication Theory*, 16(4), pp.411-26. doi: 10.1111/j.1468-2885.2006.00280.x.

Habermas, J. (2006b) "Religion in the public sphere," *European Journal of Philosophy*, 14(1), pp.1-25. doi: 10.1111/j.1468-0378.2006.00241.x.

Habermas, J. (2008) "Public space and political public sphere: The biographical roots of two motifs in my thought." In: Habermas, J. *Between naturalism and religion*. Polity, Cambridge, pp.11-23.

Habermas, J. (2009a) "Media, markets and consumers: The quality press as the backbone of the political public sphere." In: Habermas, J. *Europe: The faltering project*. Polity, Cambridge, pp.131-7.

Habermas, J. (2009b) "Political communication in media society: Does democracy still have an epistemic dimension?" In: Habermas, J. *Europe: The faltering project*. Polity, Cambridge, pp.138-83.

Hall, S. (1980) "Encoding/Decoding." In: Hall, S., Hobson, D., Lowe, A., and Willis, P. (eds.) *Culture, media, language. Hutchinson*, London, pp.166-76.

Hallin, D. C. and Mancini, P. (2004) *Comparing media systems: Three models of media and politics*. Cambridge University Press, Cambridge.

Hargittai, E., Gallo, J., and Kane, M. (2008) "Crossideological discussions among conservative and liberal bloggers," *Public Choice*, 134(1), pp.67-86. doi: 10.1007/s11127-007-9201-x.

Hart, R. P. (2013) "The rhetoric of political comedy: A tragedy?" *International Journal of Communication*, 7, pp.338-70.

Hart, R. P. andHartelius, E. J. (2007) "The political sins of Jon Stewart," *Critical Studies in Media Communication*, 24(3), pp.263-72. doi: 10.1080/07393180701520991.

Hepp, A. and Wessler, H. (2009) "Politische Diskurskulturen: Überlegungen zur empirischen Erklärung segmentierter europäischer Öffentlichkeit," *Medien & Kommunikationswissenschaft*, 57(2), pp.174-97.

Himelboim, I., McCreery, S., and Smith, M. (2013) "Birds of a feather tweet together: Integrating network and content analyses to examine cross-ideology exposure on Twitter," *Journal of Computer-Mediated Communication*, 18(2), pp.40-60. doi: 10.1111/jcc4.12001.

Hindman, M. S. (2010) *The myth of digital democracy*. Princeton University Press, Princeton, NJ.

Holbert, L. R. (2013) "Developing a normative approach to political satire: An empirical perspective," *International Journal of Communication*, 7, pp.305-23.

Holbert, R. L., Hmielowski, J., Jain, P., Lather, J., and Morey, A. (2011) "Adding nuance to the study of political humor effects: Experimental research on Juvenalian satire versus Horatian satire," *American Behavioral Scientist*, 55(3), pp.187-211. doi: 10.1177/0002764210392156.

Honneth, A. and Joas, H. (eds.) (1991) *Communicative action: Essays on Jürgen Habermas's The Theory of Communicative Action*. MIT Press, Cambridge, MA.

Huspek, M. (2007a) "Habermas and oppositional public spheres: A stereoscopic analysis of black and white press practices," *Political Studies*, 55(4), pp.821-43. doi: 10.1111/j.1467-9248.2007.00661.x.

Huspek, M. (2007b) "Normative potentials of rhetorical action within deliberative democracies," *Communication Theory*, 17(4), pp.356-66. doi: 10.1111/j.1468-2885.2007. 00302.x.

Hyun, K. (2012) "Americanization of web-based political communication? A comparative analysis of political blogospheres in the United States, the United Kingdom, and Germany," *Journalism & Mass Communication Quarterly*, 89(3), pp.397-413. doi: 10.1177/1077699012447919.

Jackson, S. J. and Foucault Welles, B. (2016) "#Ferguson is everywhere: Initiators in emerging counterpublic networks," *Information, Communication & Society*, 19(3), pp.397-418. doi: 10.1080/1369118X.2015.1106571.

Jacobson, T. (2017) "Trending theory of the public sphere," *Annals of the International Communication Association*, 41(1), pp.70-82. doi: 10.1080/23808985.2017.1288070.

Jarren, O. and Vogel, M. (2011) "'Leitmedien' als Qualitätsmedien: Theoretisches Konzept und Indikatoren." In: Blum, R., Bonfadelli, H., Imhof, K., and Jarren, O. (eds.) *Krise der Leuchttürme öffentlicher Kommunikation*. VS Verlag für Sozialwissenschaften, Wiesbaden, pp.17-29. doi: 10.1007/978-3-531-93084-8_2.

Jungherr, A. (2014) "The logic of political coverage on Twitter: Temporal dynamics and content," *Journal of Communication*, 64(2), pp.239-59. doi: 10.1111/jcom. 12087.

Kanra, B. (2012) "Binary deliberation: The role of social learning in divided societies," *Journal of Public Deliberation*, 8 (1), Article 1. Available at: http://www.publicdeliberation.net/jpd/vol8/iss1/art1.

Karpf, D. (2017) "Digital politics after Trump," *Annals of the International Communication Association*, 41(2), pp.198-207. doi: 10.1080/23808985.2017.1316675.

Kleinen-von Königslöw, K. and Keel, G. (2012) "Localizing The Daily Show: The heute-show in Germany." In: Baym, G. and Jones, J. (eds.) *Not necessarily the news? News parody and political satire across the globe*. Routledge, London, pp.65-78.

Koop, R. and Jansen, H. J. (2009) "Political blogs and blogrolls in Canada: Forums for democratic deliberation?" *Social Science Computer Review*, 27 (2), pp. 155-73. doi: 10. 1177/0894439308326297.

Kuhlmann, C. (1999) *Die öffentliche Begründung politischen Handelns: Zur Argumentationsrationalität in der politischen Massenkommunikation*. Westdeutscher, Opladen.

Maia, R. C. M. (2012) *Deliberation, the media and political talk*. Hampton Press, New York, NY.

Mansbridge, J. J. (1983) *Beyond adversary democracy*. University of Chicago Press, Chicago, IL.

McGuigan, J. (2005) "The cultural public sphere," *European Journal of Cultural Studies*, 8(4), pp. 427-43. doi: 10. 1177/1367549405057827.

Mendonça, R. F. and Ercan, S. A. (2015) "Deliberation and

protest: Strange bedfellows? Revealing the deliberative potential of 2013 protests in Turkey and Brazil," *Policy Studies*, 36(3), pp. 267-82. doi: 10.1080/01442872.2015.1065970.

Min, S.-J. (2015) "Occupy Wall Street and deliberative decision-making: Translating theory to practice," *Communication, Culture & Critique*, 8(1), pp.73-89. doi: 10.1111/cccr.12074.

Morrell, M. E. (2010) *Empathy and democracy: Feeling, thinking, and deliberation*. Pennsylvania State University Press, State College, PA.

Mouffe, C. (1999) "Deliberative democracy or agonistic pluralism?" *Social Research*, 66(3), pp.745-58.

Mouffe, C. (2013) *Agonistics: Thinking the world politically*. Verso, London.

Müller-Doohm, S. (2016) *Habermas: A biography*. Polity, Cambridge.

Mutz, D. C. (2006) *Hearing the other side: Deliberative versus participatory democracy*. Cambridge University Press, Cambridge.

Mutz, D. C. (2015) *In-your-face politics: The consequences of uncivil media*. Princeton University Press, Princeton, NJ.

Neblo, M. A. (2003) "Impassioned democracy: The role of emotion in deliberative theory." Unpublished manuscript. Available at: https://polisci.osu.edu/sites/polisci.osu.edu/files/NebloImpassioned4Web_0.pdf.

Negt, O. and Kluge, A. (1972) *Öffentlichkeit und Erfahrung: Zur Organisationsanalyse von bürgerlicher und proletarischer Öffentlichkeit*. 4th edn. Suhrkamp, Frankfurt.

Neidhardt, F. (1994) "Jenseits des Palavers: Funktionen politischer Öffentlichkeit." In: Wunden, W. (ed.) *Öffentlichkeit und Kommunikationskultur*. J. F. Steinkopf, Stuttgart, pp.19-30.

Nir, L. (2012) "Cross-national differences in political discussion: Can political systems narrow deliberation gaps?" *Journal of Communication*, 62(3), pp.553-70.

Öncü, S. and Abele, T. S. (2015) "# DELIBERATION: Eine Methodenentwicklung und - Anwendung zur Analyse von Debatten auf Twitter." Unpublished master's thesis. University of Mannheim, Mannheim.

Papacharissi, Z. (2004). "Democracy online: Civility, politeness, and the democratic potential of online political discussion groups," *New Media & Society*, 6(2), pp.259-83. doi:10.1177/1461444804041444.

Papacharissi, Z. (2015) *Affective publics: Sentiment, technology, and politics*. Oxford University Press, Oxford.

Parkinson, J. (2016) "On scholarly metaphors, or, what is deliberative about deliberative democracy?" Available at: https://ecpr. eu/Filestore/PaperProposal/90e7f4de-c707-447e-8a9a-7def01a57b73.pdf.

Parkinson, J. andMansbridge, J. (eds.) (2012) *Deliberative systems: Deliberative democracy at the large scale*. Cambridge University Press, Cambridge.

Peters, B. (1993) *Die Integration moderner Gesellschaften*. Suhrkamp, Frankfurt.

Peters, B. (2008a) "Contemporary journalism and its contribution to a discursive public sphere." In: Wessler, H. (ed.) *Public deliberation and public culture: The writings of Bernhard Peters*, 1993-2005. Palgrave Macmillan, London, pp.134-59.

Peters, B. (2008b) "On public deliberation and public culture: Reflections on the public sphere." In: Wessler, H. (ed.) *Public deliberation and public culture: The writings of Bernhard Peters*, 1993-2005. Palgrave Macmillan, London, pp.68-118.

Peters, B. (2008c) "Public discourse, identity and the problem of democratic legitimacy." In: Wessler, H. (ed.) *Public deliberation and public culture: The writings of Bernhard Peters*, 1993-2005. Palgrave Macmillan, London, pp.213-54.

Peters, B. (2008d). "The functional capacity of contemporary public spheres." In: Wessler, H. (ed.) *Public deliberation and public culture: The writings of Bernhard Peters*, 1993-2005. Palgrave Macmillan, London, pp.121-33.

Peters, B. (2008e) "The meaning of the public sphere." In: Wessler, H. (ed.) *Public deliberation and public culture: The writings of Bernhard Peters*, 1993-2005. Palgrave Macmillan, London, pp.33-67.

Rinke, E. M. (2016) "Mediated deliberation." In: Mazzoleni, G. (ed.) *The international encyclopedia of political communication*. John Wiley & Sons, Hoboken, pp. 1-15. doi: 10. 1002/9781118541555.wbiepc189.

Rinke, E. M. andRöder, M. (2011) "Media ecologies, communication culture, and temporal-spatial unfolding: Three components in a communication model of the Egyptian regime change," *International Journal of Communication*, 5, pp.1273-85.

Sanders, L. M. (1997) "Against deliberation,"*Political Theory*, 25(3), pp.347-76.

Schuessler, J. (2015) "After protests, Charlie Hebdo members receive standing ovation at PEN Gala," *New York Times*, May 6, p. A20.

Scudder, M. (2016) "Beyond empathy: Strategies and ideals of democratic deliberation." *Polity*, 48(4), pp. 524-50. doi: 10. 1057/s41279-016-0001-9.

Shaw, A. andBenkler, Y. (2012) "A tale of two blogospheres: Discursive practices on the left and right," *American Behavioral Scientist*, 56(4), pp.459-87.

Shephard, M. (2014)*Twittish tweets? Twitter's ability to be deliberative?* APSA 2014 Annual Meeting Paper.

Shin, Y., Gupta, M., and Myers, S. (2011) "Prevalence and mitigation of forum spamming." In: *INFOCOM*, 2011 *Proceedings*, Institute of Electrical and Electronics Engineers, pp.2309-17. doi: 10.1109/INFCOM.2011.59 35048.

Squires, C. R. (2002) "Rethinking the black public sphere: An alternative vocabulary for multiple public spheres," *Communication Theory*, 12(4), pp.446-68.

Steiner, J., Jaramillo, M. C., Maia, R. C. M., andMameli, S. (2017) *Deliberation across deeply divided societies: Transformative moments*. Cambridge University Press, Cambridge.

Stellar, J. E., Gordon, A. M.,Piff, P. K., Cordaro, D., Anderson, C. L., Bai, Y., Maruskin, L. A., and Keltner, D. (2017)

"Self-transcendent emotions and their social functions: Compassion, gratitude, and awe bind us to others through prosociality," *Emotion Review*, 9(3), pp.1-8. doi: 10.1177/1754073916684557.

Strömbäck, J. (2005) "In search of a standard: Four models of democracy and their normative implications for journalism," *Journalism Studies*, 6 (3), pp. 331-45. doi: 10. 1080/14616700500131950.

Stromer-Galley, J. and Wichowski, A. (2011) "Political discussion online." In: Consalvo, M. and Ess, C. (eds.), *The handbook of Internet studies*. Blackwell, Oxford, pp.168-87.

Sunstein, C. R. (2007)*Republic.com* 2.0. Princeton University Press, Princeton, NJ.

Töpfl, F. and Piwoni, E. (2015) "Public spheres in interaction: Comment sections of news websites as counterpublic spaces," *Journal of Communication*, 65 (3), pp. 465-88. doi: 10. 1111/jcom.12156.

Tumasjan, A., Sprenger, T. O., Sandner, P. G., and Welpe, I. M. (2011) "Election forecasts with Twitter: How 140 characters reflect the political landscape," *Social Science Computer Review*, 29(4), pp.402-18. doi: 10.1177/0894439310386557.

Wahl-Jorgensen, K. (2001) "Letters to the editor as a forum for public deliberation: Modes of publicity and democratic debate," *Critical Studies in Media Communication*, 18 (3), pp. 303-20. doi: 10.1080/07393180128085.

Wahl-Jorgensen, K. (2013) "Future directions for political communication scholarship: Considering emotion in mediated public participation." In: Valdivia, A. N. (ed.) *The international encyclopedia of media studies*. Wiley-Blackwell, Hoboken, NJ, pp. 455-77.

Warner, M. (1992) "The mass public and the mass subject." In: Calhoun, C. (ed.) *Habermas and the public sphere*. MIT Press, Cambridge, MA, pp.377-401.

Warner, M. (2005)*Publics and counterpublics*. Zone Books, New York, NY.

Wessler, H. (1999) *Öffentlichkeit als Prozess: Deutungsstruk-*

turen und Deutungswandel in der deutschen Drogenberichterstattung. Westdeutscher, Opladen.

Wessler, H. (2008) "Investigating deliberativeness comparatively," *Political Communication*, 25(1), pp.1-22. doi: 10.1080/10584600701807752.

Wessler, H., Peters, B., Brüggemann, M., Kleinen-von Königslöw, K., and Sifft, S. (2008) *Transnationalization of public spheres*. Palgrave Macmillan, Basingstoke.

Wessler, H. and Rinke, E. M. (2012) "Öffentlichkeit." In: Mau, S. and Schöneck, N. M. (eds.) *Handwörterbuch zur Gesellschaft Deutschlands*. VS Verlag für Sozialwissenschaften, Wiesbaden, pp.637-50.

Wessler, H. and Rinke, E. M. (2014) "Deliberative performance of television news in three types of democracy: Insights from the United States, Germany, and Russia," *Journal of Communication*, 64(5), pp.827-51.

Wessler, H., Rinke, E. M., and Löb, C. (2016) "Should we be Charlie? A deliberative take on religion and secularism in mediated public spheres," *Journal of Communication*, 66(2), pp.314-27. doi: 10.1111/jcom.12213.

Woolley, S. C. andGuilbeault, D. (2017) *Computational propaganda in the United States of America: Manufacturing consensus online*. Project on Computational Propaganda, Oxford.

Wrobel, I. [Tucholsky, K.] (1919) "Was darf die Satire?" *Berliner Tageblatt*, January 27.

Wrobel, I. [Tucholsky, K.] (1931) "Der bewachte Kriegsschauplatz," *Die Weltbühne*, August 4, p. 191.

Young, I. M. (1996) "Communication and the other: Beyond deliberative democracy." In: Benhabib, S. (ed.) *Democracy and difference: Contesting the boundaries of the political*. Princeton University Press, Princeton, NJ.

Young, I. M. (2000) *Inclusion and democracy*. Oxford University Press, Oxford.

图书在版编目(CIP)数据

哈贝马斯论媒介/(德)哈特穆特·韦斯勒(Hartmut Wessler)著；闫文捷译.--北京:中国传媒大学出版社,2021.12
(传播与中国译丛.媒介道说系列)
ISBN 978-7-5657-3150-1

Ⅰ.①哈… Ⅱ.①哈… ②闫… Ⅲ.①传播媒介—研究 Ⅳ.G206.2

中国版本图书馆 CIP 数据核字(2022)第 011172 号

ISBN-13：978-0-7456-5133-0
ISBN-13：978-0-7456-5134-7(pb)
本书英文版于 2018 年由 Polity Press 出版。

北京市版权局著作权合同登记　图字：01-2021-6730

哈贝马斯论媒介
HABEIMASI LUN MEIJIE

主　编　黄　旦　孙　玮
著　者　[德]哈特穆特·韦斯勒(Hartmut Wessler)
译　者　闫文捷
校　译　李红涛
策划编辑　张毓强
特约策划　李唯梁
责任编辑　于水莲
特约编辑　井彩霞
封面设计　运平设计
责任印制　李志鹏

出版发行　中国传媒大学出版社
社　址　北京市朝阳区定福庄东街 1 号　邮　编　100024
电　话　86-10-65450528　65450532　传　真　65779405
网　址　http://cucp. cuc. edu. cn
经　销　全国新华书店

印　刷　北京中科印刷有限公司
开　本　880mm×1230mm　1/32
印　张　7
字　数　160 千字
版　次　2021 年 12 月第 1 版
印　次　2021 年 12 月第 1 次印刷

书　号　ISBN 978-7-5657-3150-1/G·3150　定　价　49.00 元

本社法律顾问：北京李伟斌律师事务所　郭建平